Les Massacres d'Arménie

TÉMOIGNAGES DES VICTIMES

PRÉFACE DE

G. CLEMENCEAU

Deuxième Édition

PARIS

ÉDITION DV MERCVRE DE FRANCE

XV, RVE DE L'ÉCHAVDÉ-SAINT-GERMAIN XV

—

M DCCC XCVI

MERCVRE DE FRANC

Fondé en 1672

(*Série moderne*)

15, RVE DE L'ÉCHAVDÉ. — PARIS

parait tous les mois en livraisons de 200 pages, et forme dans l'année 4 volumes in-8, avec tables.

—

ROMANS, NOUVELLES, CONTES, POÈMES, MUSIQUE, ÉTUDES CRITIQUES
TRADUCTIONS, AUTOGRAPHES, PORTRAITS, DESSINS & VIGNETTES ORIGINAUX

—

Rédacteur en Chef : ALFRED VALLETTE

—

CHRONIQUES MENSUELLES

Épilogues (actualité) : Remy de Gourmont
Les Poèmes : Francis Vielé-Griffin ; *Les Romans* : Rachilde
Théâtre (publié), *Histoire* : Louis Dumur ; *Philosophie* : Louis Weber
Psychologie, Sociologie, Morale : Gaston Danville
Esotérisme et Spiritisme : Jacques Brieu
Journaux et Revues : Robert de Souza
Les Théâtres (représentations) : A.-Ferdinand Herold
Musique : Charles-Henry Hirsch ; *Art* : Camille Mauclair
Lettres allemandes : Henri Albert ; *Lettres anglaises* : H.-D. Davray
Lettres italiennes : Remy de Gourmont
Lettres Portugaises : Philéas Lebesgue ; *Échos Divers* : Mercure

—

PRINCIPAUX COLLABORATEURS

Paul Adam, Edmond Barthélemy, Tristan Bernard, Léon Bloy, Victor Charbonnel, Jean Court, Louis Denise, Georges Eekhoud, Alfred Ernst, Gabriel Fabre, André Fontainas, Paul Gauguin, Henry Gauthier-Villars, André Gide, José-Maria de Heredia, Bernard Lazare, Camille Lemonnier, Pierre Louys, Maurice Maeterlinck, Stéphane Mallarmé, Paul Margueritte, Camille Mauclair, Charles Merki, Stuart Merrill, Raoul Minhar, Adrien Mithouard, Albert Mockel, Charles Morice, Pierre Quillard, Yvanhoé Rambosson, Ernest Raynaud, Hugues Rebell, Henri de Régnier, Adrien Remacle, Jules Renard, Adolphe Retté, Georges Rodenbach, Saint-Pol-Roux, Camille de Sainte-Croix, Albert Samain, Marcel Schwob, Robert de Souza, Laurent Tailhade, Pierre Veber, Emile Verhaeren, Teodor de Wyzewa, etc.

—

Prix du Numéro :

FRANCE : 1 fr. 50 — UNION : 1 fr. 75

ABONNEMENTS

FRANCE		UNION POSTALE	
Un an	15 fr.	Un an	18 fr.
Six mois	8 »	Six mois	10 »
Trois mois	5 »	Trois mois	6 »

On s'abonne *sans frais* dans tous les bureaux de poste en France (Algérie et Corse comprises), et dans les pays suivants : Belgique, Danemark, Italie, Norvège, Pays-Bas, Portugal, Suède, Suisse.

ABONNEMENT POUR LA RUSSIE : 7 roubles par lettre chargée.

Imp. C. RENAUDIE, 56, rue de Seine, Paris.

LES MASSACRES D'ARMÉNIE

LES

MASSACRES D'ARMÉNIE

TÉMOIGNAGES DES VICTIMES

PRÉFACE DE

G. CLEMENCEAU

PARIS

ÉDITION DV MERCVRE DE FRANCE

XV, RVE DE L'ÉCHAVDÉ-SAINT-GERMAIN, XV

M DCCC XCVI

PRÉFACE

Des Arméniens résidant en Europe ont eu l'idée de publier sans commentaires quelques-unes des lettres qu'ils ont reçues de leurs compatriotes d'Asie Mineure pendant les massacres de l'an dernier. Cette publication, qu'on me demande de faire précéder de quelques considérations générales en guise de préface, n'est que trop opportune au moment où l'on commence à parler de nouveaux *troubles* dans les vilayets d'Arménie. On sait ce que signifie ce mot. C'est l'euphémisme officiel pour désigner le massacre méthodique des Arméniens. A cet égard, il n'est plus permis de feindre l'ignorance. La vérité est connue et la tartuferie de nos diplomates d'Europe ne peut plus abuser que des complices de l'universelle lâcheté.

Pour faire la complète lumière, il est bon que des documents nous soient présentés, avec indications de personnes et de dates et de lieux, où quelques-uns des crimes de la sauvagerie asiatique se trouvent dénoncés par des témoins dont le dire se peut contrôler. C'est l'intérêt du volume que je signale aujourd'hui à l'attention de ce public éclairé d'Occident qui veut le droit et la justice pour tous les hommes sans distinction de race ni de confession religieuse.

Est-il vrai qu'aux abords du vingtième siècle, à cinq jours de Paris, des atrocités aient été impunément commises — couvrant tout un pays d'horreur — telles qu'il ne s'en peut concevoir de pires dans les temps de la plus noire barbarie ?

Est-il vrai que le nombre des victimes se doit chiffrer par dizaines et par vingtaines de mille ?

Est-il vrai que les gouvernements d'Europe aient assisté avec indifférence à cet effroyable spectacle, et n'aient rien trouvé de mieux à faire quand le pillage, l'assassinat en masse, le viol, l'incendie, les supplices faisaient rage, que de discuter avec le chef d'Etat responsable de ces horreurs sur le nombre des vaisseaux de guerre qui pourraient être autorisés à stationner devant la Corne d'Or?

Est-il vrai que là où il s'est trouvé des consuls pénétrés de leur devoir, les massacres se soient arrêtés comme par enchantement sur la menace d'une immédiate répression des Puissances?

Est-il vrai que là où les gouverneurs turcs ont annoncé l'intention de ne point tolérer ces crimes aucun désordre ne s'est produit?

Est-il vrai que ces abominables forfaits n'ont pris fin que lorsque, sous la pression de l'opinion européenne — malgré le silence d'une trop grande partie de la presse — le gouvernement d'Abdul Hamid s'est vu sérieusement menacé d'une intervention combinée de la France, de l'Angleterre et de la Russie?

Est-il vrai qu'il ait suffi de ne plus mettre les soldats turcs au service du brigandage pour que tout rentrât *provisoirement* dans l'ordre?

Est-il vrai qu'aucun effort n'ai été fait pour châtier au moins les chefs les plus notoires des bandes scélérates, et que tous ces crimes soient demeurés impunis?

Est-il vrai que les populations fanatiques ne peuvent voir dans cette caractéristique mansuétude qu'un témoignage d'inexcusable complicité et un encouragement manifeste aux nouveaux forfaits qui sans doute se préparent?

Est-il vrai que les réformes toujours promises n'ont jamais été exécutées?

Est-il vrai qu'il ne peut y avoir aucune garantie contre le retour d'un déchaînement de sauvagerie en dehors du plein accord des Puissances manifestant leur volonté d'une intervention immédiate en cas de besoin, et imposant dès aujourd'hui, sans attendre une nouvelle effusion de sang, un régime d'ordre et de paix qui ne peut se fonder que sur une impartiale distribution de justice entre tous les citoyens ?

C'est pour obtenir ce résultat — ils ne s'en cachent point — que les Arméniens d'Europe font appel par un simple exposé des faits à la pitié des peuples civilisés. Au congrès de 1878, ils avaient invoqué la protection de l'Europe, et cette protection leur fut officiellement accordée par l'article 61 du traité de Berlin, où il était dit :

« La Sublime Porte s'engage à réaliser sans plus de retard les améliorations et les réformes qu'exigent les besoins locaux dans les provinces habitées par les Arméniens, et à garantir leur sécurité contre les Circassiens et les Kurdes. Elle donnera périodiquement connaissance des mesures prises à cet effet aux Puissances *qui en surveilleront l'application.* »

Mensonges, les traités : lettre morte, les promesses du Sultan, les stipulations protectrices contresignées *pour la forme* par les délégués de toutes les Puissances. Rien n'a été changé, rien n'a été fait, et, alors qu'il aurait suffi d'une énergique parole pour prévenir tant de maux, rien même n'a été dit.

Et cet unanime concours d'inerties a produit ses résultats inévitables. Le régime d'exactions et de violences, dont le peuple turc lui-même ne souffre pas moins que les sujets arméniens du Sultan, a continué de sévir aux portes de l'Europe silencieuse et craintive sous l'hégémonie prussienne. Et quand on a pu craindre que l'excès du mal ne provoquât les tardives représentations des Puissances, on n'a rien trouvé de mieux que de susciter à nouveau les haines de races, et de déchaîner le fanatisme musulman contre le *Giaour* Chrétien.

Hélas! à Yildiz-Kiosk même on avait de nous une opinion trop favorable. Nos gouvernements chrétiens auraient très bien laissé faire, puisqu'ils ont lâchement permis que pendant des semaines et des mois les plus abominables crimes puissent s'accomplir avec impunité.

Nous n'aurons jamais le tableau complet des scènes, déshonorantes pour l'humanité de notre temps, dont la malheureuse Anatolie a été pendant d'interminables mois le théâtre. Cependant le dossier des lettres arméniennes nous permet de reconstituer avec une trop cruelle précision l'affreux spectacle. Qu'on feuillette le tragique carnet des témoins qui ont *vu*, qui ont *souffert*, depuis le mois d'Octobre 1895 à Trébizonde jusqu'à Tchenkouch en février 1896. C'est, avec une monotonie désespérante, le récit des mêmes crimes, des mêmes horreurs perpétrés par les mêmes méthodes dans des conditions identiques.

On invite les Arméniens à déposer leurs armes, on les menace de mort s'ils n'obéissent pas, le *vali* leur garantit pleine sécurité, et aussitôt qu'ils sont sans défense, Kurdes, Circassiens, Turcs, conduits par des *Rédif*, des *Hamidié*, des officiers de l'armée régulière — si un tel mot peut être ici d'usage — se ruent sur les maisons, pillent et incendient les boutiques, égorgent tout être de la race haïe, sans distinction de sexe ni d'âge, violent les femmes ou les emmènent, se récréent dans les tortures infligées aux hommes pour leur faire abjurer leur foi, souillent les églises, écorchent ou brûlent les prêtres, et promènent par dérision les nouveaux *convertis* sous les pierres de la foule, après les avoir préalablement circoncis et leur avoir imposé les actes qui attestent le reniement de leurs croyances. Enfin quand il n'y a plus d'hommes à tuer ou de filles à violer (on a vu ouvrir le ventre des femmes grosses pour écraser l'enfant sur le pavé), on contraint à coups de bâton les survivants à signer des adresses au Sultan où ils se reconnaissent les auteurs des désordres, déclarent que ceux qui ont trouvé la mort ont été justement frappés, remercient le souverain de sa clémence, et affirment qu'ils n'ont rien à redouter pour leurs biens, pour leur vie, pour la sécurité des leurs.

Je résume en quelques lignes le terrifiant martyrologe. Ceux qui auront le courage d'affronter la lecture de ces témoignages *vécus* n'en croiront pas leurs yeux. Les faits pourtant sont irrécusables, les rapports de nos consuls, les lettres des missionnaires, ne peuvent laisser de place au doute. Certaines exagérations de détail pourraient peut-être se rencontrer. Je l'ignore. Mais il est trop certain que les faits, contestés sur un point, seraient ailleurs reconnus exacts, et facilement vérifiés.

Il faut en prendre notre parti et subir la honte d'avoir toléré ces choses sans mot dire. Nos gouvernants n'ont rien fait et ne font rien encore aujourd'hui pour empêcher le retour de cette sauvagerie. Je ne sais quelles considérations d'imbécile diplomatie les obligent, disent-ils, à ménager le Sultan Comme s'ils pouvaient jamais trouver quelque force dans l'Empire Ottoman en dehors d'un régime de justice et de sécurité pour tous.

Je ne suis point du tout l'ennemi des Turcs, et je ne conçois point de juste paix pour les populations arméniennes de l'Empire qui ne doive être également profitable aux Musulmans. Si ce qu'on est convenu d'appeler l'Europe, a laissé massacrer les chrétiens à plaisir, l'Église ne pouvait faire autrement que de s'émouvoir, et la publication du Père Charmetant, en corroborant le témoignage de nos consuls par celui des missionnaires, nous a apporté la protestation du catholicisme romain.

L'Égise de Rome si puissante sur les peuples et les rois des monarchies et des Républiques a-t-elle fait en cette occasion tout ce que lui permettaient ses rares moyens d'action? Il n'y parait pas. La puissance qui lança jadis si bruyamment toute l'Europe chrétienne à l'assaut de l'Islamisme est trop engagée, de nos jours, dans les détours d'une diplomatie compliquée pour n'écouter, même en de telles occasions, que l'intérêt criant d'une foi chrétienne d'ailleurs dissidente. L'acte du Père Charmetant était surtout un appel de charité en faveur des malheureux voués en effet à la plus terrible misère. Je souhaite que sa voix ait été entendue, mais cela ne saurait suffire.

Il faut voir plus loin. De tels événements sont une perpétuelle menace pour la paix de l'Europe; si l'on n'y prend garde, ils peuvent motiver quelque jour l'action indépendante de certaines Puissances d'où le conflit général peut surgir. Ce n'est donc point faire obstacle aux prétendus desseins à longue portée de nos gouvernants que de les inviter à prendre dès à présent les mesures nécessaires pour que nous ne soyons plus exposés à revoir les scènes hideuses que l'Europe bientôt ne voudra ni ne pourra tolérer plus longtemps.

Pour cela, que faut-il faire? Imposer la justice pour tous. L'absurdité de la politique suivie jusqu'à ce jour, c'est de prétendre faire bénéficier les sujets arméniens du Sultan d'un régime de faveur, sans s'inquièter des populations musulmanes. Comment veut-on que le Khalife de l'Islam se soumette à de pareilles exigences? Il promet, il promettra tout ce qu'on voudra... à la condition de ne point tenir. Le seul moyen de faire cesser l'antagonisme des races et des religions dans l'Empire Ottoman, c'est d'assurer à tous, musulmans et chrétiens, le bienfait d'un bon gouvernement. J'appelle de ce nom tout régime qui fera régner la paix de justice et de droit dans les états du Sultan au lieu d'y déchaîner systématiquement le meurtre, le pillage, les exécrables violences de barbares fanatisés qui ne souffrent pas moins que leurs victimes des exactions de leurs communs maîtres.

Sans invoquer le traité de Berlin dont l'exécution nécessite l'accord des puissances rivales, ne peut-on rappeler au Sultan Abdul-Hamid le *Hatti Chérif* de Gul-Hané par lequel son prédécesseur Abdul-Medjid plaçait, dès 1839, sous la haute garantie impériale les biens, la vie et l'honneur de tous ses sujets sans distinction? Telle fut la solennelle promesse à la face de l'Europe. Les massacres des vilayets d'Arménie, cinq mois durant, montrent quel cas on en peut faire.

Eh bien, la question est fort simple. Il faut en finir. Et pour cela, il suffit de faire comprendre au Sultan qu'il n'a pas d'autre moyen de salut qu'une réforme pacifique, faisant succéder au plus abominable arbitraire l'établissement d'un gouvernement d'impartiale justice et de contrôle, également profitable à tous ses sujets. S'il est incapable de cet effort, l'intervention armée des Puissances, toujours ajournée, mais finalement inévitable, fera justice d'un gouvernement de corruption et de meurtre. A ceux qui souhai tent que cette éventualité soit évitée, de tenir à l'autocrate oriental le langage qui convient en l'appuyant de cette sorte d'arguments que suggère une invincible résolution d'en finir.

Au lieu d'encourager par une honteuse inertie les criminelles folies de l'autocratie aux abois, parlons aux peuples d'un ordre de justice, et, si nous ne cherchons rien au delà, soyons sûrs que les concours ne nous manqueront pas pour imposer la paix de justice.

« Qui donc, disais-je récemment, peut accomplir un tel office dans le monde ? A qui peut-il appartenir de porter la parole d'émancipation, de justice sociale, de paix heureuse, à la nation troublée par ce gouvernement absolu d'un seul dont l'Europe est à peine délivrée ? Qui parlera d'humanité au peuple souffrant d'un gouvernement inhumain ? Qui proclamera la nécessité d'un ordre solidaire entre les hommes, et lui donnera pour fondement le respect du droit, la justice ? Qui sera le peuple affranchisseur, le peuple *humain*, par le verbe et par l'acte ? A quel pays cet honneur ? Au siècle dernier, tous les hommes, d'une voix unanime, eussent désigné la France. Et vraiment avec la Révolution française nous nous lançâmes noblement dans la haute aventure. »

Que faisons-nous aujourd'hui ?

G. Clemenceau.

LETTRES

SUR LES MASSACRES D'ARMÉNIE

TRÉBIZONDE

Trébizonde, 12 octobre 1895.

Le 22 septembre (1), le vendredi soir, vers 8 heures, une foule nombreuse de Turcs marcha sur les quartiers arméniens pour commencer le massacre. Il y eut un blessé, ce qui causa une vive agitation; les nôtres s'étaient tous retirés dans leurs maisons; les Turcs n'osèrent pas forcer les portes. Ils se promenèrent par les rues en poussant des cris féroces et en tirant des coups de revolver et de fusil; les chrétiens en furent consternés. La patrouille ne passa pas ce soir par les quartiers attaqués. Cela redoubla l'épouvante des Arméniens; ils pensèrent

1. Les dates sont en vieux style.

que les autorités encourageaient l'attaque, et le lendemain ils tinrent tous leurs boutiques fermées et se préparèrent tant qu'ils purent à se défendre contre le massacre qui les menaçait. Notre métropolitain envoya quelques personnes au vali Kadri Bey pour lui demander d'assurer la sécurité des Arméniens; ce monstre les rassura par toutes sortes de promesses, il jura que personne n'oserait faire de mal aux Arméniens, il ajouta même: « Pour vous attaquer, on devrait passer sur mon corps. »

Cette promesse solennelle réussit à calmer un peu les Arméniens; c'est sur elle que se fondèrent les consuls pour rassurer ceux des nôtres, qui, effrayés, allèrent en foule demander leur protection. Seul, le consul russe chassa les Arméniens en leur disant: « Que voulez-vous que je fasse? avez-vous oublié l'audace que vous avez eue à Constantinople? Chakir pacha est nommé haut commissaire pour l'Arménie, pourquoi ne vous en contentez-vous pas? » (1)

1. Chakir pacha, nommé haut commissaire par le Sultan, remplit d'une manière bizarre sa mission qui

Malgré tous les efforts du métropolitain et des consuls pour calmer les Arméniens, ceux-ci avaient toujours peur; et il y avait de quoi, car l'agitation continuait parmi les Turcs, allait même en augmentant. Pendant trois jours, les Turcs ne firent qu'acheter des revolvers dans la partie du marché nommée Bit-Bazar; des hommes de police, se tenant à la porte du marché, en interdisaient l'entrée aux Arméniens, les arrêtaient, les fouillaient et prenaient leurs armes s'ils en trouvaient. Des villages environnants, des paysans turcs en grand nombre arrivaient dans la ville. Les nôtres, de plus en plus inquiets, allaient chez le métropolitain pour l'avertir de l'attitude menaçante des Turcs. Le métropolitain et quelques membres du Conseil administratif arménien s'adressèrent encore une fois au vali et lui demandèrent l'explication de ce qui se passait. Le vali les calma encore avec son habituelle hypocrisie. Le dimanche se passa dans la terreur. Armé-

était d'exécuter les réformes en Arménie; il se produisit des massacres partout où il passa, et souvent il y assista.

niens, Grecs, Turcs, tout le monde avait fermé les boutiques.

Lundi matin, le blessé de vendredi soir, qui était un Turc du nom de Sabri, mourut. L'agitation était extrême parmi les musulmans; ils rouèrent de coups, ce jour-là, le marchand d'armes arménien catholique Hovsep et le mirent en prison. Vers le soir, le Vali manda le métropolitain et quelques notables Arméniens, et, changeant brusquement de langage, il les somma de trouver tout de suite les deux Arméniens qui avaient blessé les pachas : « Sinon, ajouta t-il, pas de sécurité pour vous. » Les nôtres revinrent à l'Évêché et, après une longue délibération, adressèrent cette réponse au Vali : « Ce n'est pas à nous de chercher des coupables; le gouvernement peut les trouver par ses propres recherches et les punir. Si, malgré l'espoir et la confiance que les Arméniens ont en lui, le gouvernement ne les protège pas, ils n'ont plus qu'à s'abandonner au sort que Dieu leur a fixé. » Ils envoyèrent cette même déclaration aux consuls, en demandant leur protection.

Pendant que tout cela se passait, nous ne savions pas qu'il se tramait dans l'ombre un horrible complot au-dessus de nos têtes. Tandis que, d'une part, le Vali, le Commandant et le Commissaire nous garantissaient la sécurité depuis une semaine, d'autre part ces mêmes hommes et les mollas excitaient avec mille mensonges et fables la foule turque, qui avait peur et n'osait pas se soulever, à se préparer pour attaquer les Arméniens à l'heure fixée. Le principal argument que les hommes du gouvernement avançaient pour exciter les Turcs était celui-ci : « Les Arméniens, unis aux Anglais, veulent renverser la dynastie d'Osman et supprimer la religion de l'Islam ; vendredi prochain, les Arméniens de cette ville, armés, attaqueront les mosquées et massacreront les musulmans ; nous devons donc les devancer pour empêcher ces chiens d'infidèles de nous égorger. »

On fixe le mardi 26 septembre pour l'attaque. On divise les Turcs en groupes, et le gouvernement leur distribue lui-même des fusils, des revolvers, des cartouches et d'autres armes.

Mardi, c'est le jour du courrier. C'est un jour d'affaires, surtout pour les négociants. Les négociants arméniens et les boutiquiers, rassurés par les promesses du gouvernement et par la promenade de la patrouille qui avait eu lieu la veille, ainsi que par les déclarations calmantes du consul et du métropolitain, allèrent au marché, sans se douter du piège que le gouvernement leur avait tendu.

A onze heures du matin, la foule turque se mit à se ruer, armes levées, vers les quartiers arméniens. Un coup de trompette donna le signal, et les soldats réguliers, unis à la populace turque, commencèrent l'attaque dans la place Meïdani-Charki. Le vali Kadri, entouré d'un tas de bandits turcs, arriva là et donna lui-même des instructions, désignant ceux qu'il fallait tuer, les riches en particulier.

Les Turcs se mirent à frapper le premier Arménien rencontré. De toutes les parties de la ville, des coups de fusils retentirent. Les Arméniens, surpris, sans aucun moyen de défense, prirent la fuite. De chaque coin sortaient des Turcs armés qui assommaient les fuyards. Un grand nombre des nôtres, croyant que l'attaque venait de la part de la foule, allèrent se réfugier à l'Évêché, mais ils furent tous tués par les soldats. Les Grecs, obéissant lâchement à l'ordre qu'on leur avait donné en secret, fermèrent la porte de leurs boutiques et de leurs maisons aux Arméniens qui demandaient un abri, et quelques-uns d'eux livrèrent aux Turcs les Arméniens qui s'étaient réfugiés chez eux; les exceptions sont peu nombreuses. Le gouvernement, voulant donner à cette émeute une apparence d'insurrection arménienne, avait commandé de ne tuer que les hommes, et l'on criait aux fuyards : « Rendez-vous! » comme si les Arméniens s'étaient soulevés contre le gouvernement.

Mais tous, celui qui se rendait, celui qui suppliait, celui qui fuyait, tous sans distinction, vieillard, enfant, jeune homme, quelques femmes aussi, tous furent cruellement égorgés, déchirés, près de 300 personnes ce jour-là. Il y eut des Turcs qui tuèrent leurs voisins, leurs confrères, leurs amis. Ils étaient devenus des bêtes fauves; ils dépeçaient les cadavres!

Le spectacle est lamentable dans les quartiers. Des femmes, des jeunes mariées, des enfants, courent éperdus, ne sachant où aller. Quelques-uns se précipitent du haut de murailles élevées, d'autres tombent évanouis; de jeunes femmes, serrant d'une main leur enfant contre leur poitrine, de l'autre tenant une corde attachée aux fenêtres, se laissent glisser au risque de s'écraser sur le sol; les vieux, restant chez eux, se cachent dans les caves; la terreur est grande. Les soldats, les bandits commencent à entrer dans les maisons par centaines et demander les hommes; les soldats tirent vers les fenêtres; les bachi-bozouk égorgent et déchirent les hommes qu'ils rencontrent sous les yeux des femmes et des enfants.

Il est impossible de décrire tout ce qui se passa, tellement les détails sont sauvages, horribles. Le massacre dura deux heures dans la ville, mais on continua encore à tuer jusqu'au soir, dans les coins retirés.

Les Frères français nous rendirent un grand service en ouvrant les portes de leur école aux fuyards arméniens, du nombre de 2.000

environ (600 catholiques et 1.400 grégoriens). Dans les consulats et dans la maison du missionnaire aussi, quelques centaines de personnes purent trouver refuge.

Lorsqu'il n'y eut plus personne dans les rues, le Vali donna l'ordre de piller les boutiques et les maisons des Arméniens.

Il criait : « Eh bien! mes enfants, commencez maintenant le grand pillage. » Il voulait dire : « Prenez tout aux Arméniens. » En un instant, on commença à briser les portes des magasins arméniens et à enlever toutes les marchandises; on cassa les coffres-forts et on prit tout ce qu'ils contenaient. Ils ravageaient tout, en même temps qu'ils pillaient. On avait donné aux soldats des instruments et des barres de fer pour casser les portes et les coffres-forts. Dans plusieurs magasins, on a eu soin, en vidant le coffre-fort, de détruire les livres de comptes. On a vu le commandant de gendarmerie transporter à cheval des sacs pleins de l'argent pillé. Presque toutes les boutiques des Arméniens sont vidées. Devant Surméné, on a vu une vingtaine de barques chargées de toutes sortes de marchandises. Le pillage dura jusqu'au lendemain matin. Nous entendions, dans le silence de la nuit, le bruit sourd des portes brisées et les coups de marteaux sur les coffres.

Pendant le massacre on avait pris toutes les précautions pour distinguer les Grecs des Arméniens. Et pour cela on avait mis, au devant de chaque groupe, des Turcs pratiquant l'espionnage depuis longtemps et connaissant parfaitement les Arméniens, qui désignaient ceux qu'il fallait frapper, en criant : « Frappez, c'est un Arménien. » Nous avons eu le regret de voir aussi quelques Grecs qui s'étaient chargés de cette odieuse fonction.

Voici quelques détails typiques pris dans un tas d'horreurs. A Deïrmen Déré, un des notables de notre ville, Missak Diradourian, fut victime de la barbarie d'un capitaine turc. Celui-ci était envoyé exprès pour le tuer dans sa fabrique de farine. Notre pauvre ami ne pouvait pas s'attendre à cette monstrueuse ingratitude de la part d'un homme qui tout à l'heure avait chez lui partagé son repas.

Une bande de Turcs avait attaqué la maison d'Ohannès Avakian, ils brisèrent la porte et se ruèrent dans la maison. Ohannès, tenant son enfant de trois ans par la main, accompagné de sa femme et de ses deux fils, courut au devant d'eux; ils tombèrent tous en pleurant aux pieds des bourreaux et les supplièrent de prendre toutes leurs richesses, mais d'épargner leur vie. Les monstres tuèrent d'abord l'enfant dans les bras de son père, puis l'égorgèrent lui-même sous les yeux de sa femme.

Après avoir déchargé leurs pistolets sur le boucher Adam et sur son fils Karékine, les assassins entrèrent dans leur boutique, tombèrent sur les blessés, se mirent à les dépecer; ils arrachèrent les bras, les jambes, la tête, mirent en pièces les deux corps, en suspendirent les morceaux à des crochets, et, les montrant aux passants, ils criaient : « Que demandez-vous? des bras? des jambes? des pieds? des têtes? Achetez! C'est à bon marché! »

Ce même jour du massacre, à la même heure, les paysans turcs attaquèrent les villages arméniens des environs de Trébizonde,

Zéffanos, Gromila, Barian, Tots, Aghrid, Vérana, Gaban, Agrouy; un grand nombre de ces villages furent saccagés et incendiés, et la plupart de leurs habitants massacrés; ils coupèrent en morceaux les prêtres Der Ohannès, Der Maghakia et le vénérable Der Madatia. Ils enlevèrent le bétail et les denrées.

Quatre cents Arméniens furent mis en prison le lendemain du massacre.

Frères! l'hiver est proche; ceux qui ont échappé au massacre mourront dans les prisons ou crèveront de faim. Le Turc nous égorge, l'Européen nous raille, le Grec nous insulte. Nous n'avons plus de sécurité; nous n'avons plus de défenseurs; nous n'avons plus ni maison, ni lit, ni pain.

Riche et pauvre, vieux et jeune, homme de la ville et paysan, blottis aux coins des maisons, tous nous vous implorons d'avoir pitié. — Aidez-nous!

GUMUCHHANÉ

Gumuchhané, 5 décembre 1895.

Onze Arméniens, originaires de Van et de Mouch, qui rentraient dans leurs pays par voie de Baïbourd, ont été attaqués le 26 Septembre à la localité dite Siphondéressi, à sept heures de distance de Gumuchhané, par des brigands musulmans, qui en ont massacré huit, parmi lesquels un prêtre, et ont très grièvement blessé les autres. Une jeune femme qui faisait partie de la caravane a subi les derniers outrages; le butin, que les agresseurs ont emporté, montait à 1300 L. Tqs., dont une grande partie en espèces. Quoique la gendarmerie se soit rendue sur les lieux, aucun des malfaiteurs n'a été arrêté.

Ce premier fait a servi de précurseur à d'autres calamités qui se sont effondrées sur les malheureux habitants arméniens de Gumuchhané.

Le jeudi, 12 octobre, le couvent de Sourpe Perguitch a subi une attaque de la part des habitants musulmans des villages environnants, qui ont assassiné le pâtre Archak Cheloukian, âgé de 23 ans, et se sont emparés de 370 moutons et chèvres, formant le troupeau du couvent. Les autorités ecclésiastiques arméniennes de Gumuchhané ont fait des démarches auprès du gouvernement, le jour même, pour demander la restitution du troupeau; mais ces démarches n'ont eu aucun résultat.

Ce même jour, le gouvernement avait officiellement ordonné aux Arméniens de ne pas ouvrir leurs boutiques afin d'éviter des incidents désagréables; le lendemain, vendredi, les magasins et boutiques des Arméniens sont encore restés fermés jusqu'à cinq heures à la turque, quand le gouverne ment, annonçant par crieur public que le massacre était passé, a invité les Arméniens à vaquer à leurs affaires.

Comme lors de la première annonce, la population arménienne s'est encore conformée à cet ordre; mais à peine une demi-heure s'était écoulée depuis l'ouverture des magasins que, soudain, des paysans turcs des environs, armés de fusils, de pistolets, de sabres, de haches, se sont précipités sur la ville, et, s'unissant aux habitants turcs, ont formé une horde de 2000 personnes, dont une partie a saccagé le bazar et l'autre le quartier arménien; tout ce que les arméniens possédaient dans le marché : argent, valeurs, marchandises, etc., a été emporté par les agresseurs, qui ont aussi détruit les livres et les papiers d'affaires des commerçants.

Dans le quartier arménien, les meneurs du désordre ont ordonné à la horde de ne pas toucher aux enfants et aux femmes, mais de massacrer sans pitié tous les habitants arméniens de sexe mâle, au dessus de 12 ans.

En exécution de cet ordre, la horde a

attaqué les entrées des maisons et, y pénétrant, a commis les méfaits et atrocités les plus inimaginables.

Le notable arménien M. Nichan Israélian, membre du Conseil administratif du sandjak, et dont le plus grand crime était sa fortune, voyant qu'une horde de 7 à 800 personnes avait entouré son habitation et qu'on en voulait non seulement à sa richesse mais à sa vie même, s'est mis à se défendre avec les siens et a réussi à opposer résistance pendant trois heures; les Turcs, désespérant de pénétrer dans la maison par assaut, y ont mis le feu, en faisant usage de pétrole. Voyant la maison entourée de flammes, M. Nichan Israélian s'est précipité dehors et courait déjà vers le palais du Gouvernement, quand un coup de fusil le fit tomber raide mort. La résistance de cet homme courageux a prévenu de plus graves atrocités dans le quartier arménien, car la horde, occupée avec lui, n'a pas eu le temps de commettre tout le mal dont elle était capable.

L'incendie a réduit en ruines, en même temps que la maison de M. Nichan Israélian, deux autres maisons contiguës. Le sieur Boghoss Karabakhlian, âgé de 70 ans, et son fils Missak, âgé de 26 ans, ont été brûlés vifs dans ces maisons.

En outre, une veuve, Mme Tourfanda Chichéyan, a été tuée par une balle; le nombre des blessés monte à 17 et celui des maisons saccagées à 68. Vers dix heures à la turque, le gouvernement a annoncé par une sonnerie de clairons la cessation de l'attaque, et la population arménienne a été conduite dans les hans où elle a été gardée pendant quatre jours, ne recevant pour toute nourriture que du pain en très minime quantité.

Le cinquième jour, le gouvernement a emprisonné 33 des Arméniens et a ordonné au reste de rejoindre leurs foyers. Une partie de ces 33 prisonniers a été relâchée dix jours après et une autre partie vingt-cinq jours plus tard.

Actuellement il n'y a de prisonnier qu'un Arménien, Ohannès Chahbazian, accusé d'avoir mêlé du poison à la nourriture d'un paysan turc nommé Ahmed, ce qui est absolument faux, car un gendarme qui avait mangé dans le même plat qu'Ahmed n'a senti aucun trouble et se trouve vivant. Le rapport du médecin de la municipalité est absolument favorable au prisonnier; mais celui-ci continue, quand même, à gémir dans les cachots.

Le couvent de Sourpe Perguitch dont le troupeau avait déjà été emporté, a été complètement saccagé les jours suivants. Quant à l'église, elle a été entièrement dépouillée de sa richesse et de ses provisions d'une valeur totale de 2500 L. Tqs.

Les marchandises saccagées lors du désordre avaient une valeur de 10.000 L. Tqs.; mais en prenant en considération l'anéantissement des livres, effets de commerce, etc., la perte monte à plus de 35.000 L. Tqs.

Le gouvernement a restitué à peine une minime partie des meubles pillés ainsi que des marchandises d'une valeur totale de 200 L. Tqs; il oblige les Arméniens à ouvrir leurs magasins et à vaquer à leurs affaires; or les objets restitués ne suffisent pas même au paiement des loyers. Les Arméniens ont présenté plusieurs suppliques dénonçant les coupables; mais personne n'a été arrêté jusqu'à présent.

Actuellement, le gouvernement exige des Arméniens des pétitions de gratitude; aucune pétition de ce genre n'a été remise jusqu'à ce jour, mais la pression du gouvernement à cet égard augmente de jour en jour.

Dans la ville de Calquette, les magasins des Arméniens ont été pillés; la perte matérielle monte approximativement à 2.000 L.Tqs.

Dans les villages de Cheyran et d'Oulou-Cheyran, 30 maisons arméniennes ont été pillées; on a assassiné les nommés Bédross et Agop Khoubikian; deux autres Arméniens ont disparu.

Dans le village de Kalé, aux environs de Gumuchhané, ont été massacrés deux jeunes Arméniens, originaires du village de Plerak; à Zekhana (district de Dorou) on a également assassiné un Arménien originaire de Sivas.

Une misère indescriptible règne dans tout le pays.

ERZEROUM

Erzeroum, 23 octobre 1895.

Le 18 octobre, une agitation plus grande qu'à l'ordinaire régnait parmi les soldats et le peuple turc. Mais personne ne pensait que ce jour-là même aurait lieu le massacre, et les Arméniens étaient tous sortis, la plupart au marché, travaillant dans leurs magasins.

A midi, immédiatement après que le consul russe fut sorti de chez Chakir pacha avec qui il avait eu une entrevue très-amicale, un son de clairon donna le signal aux soldats et à la populace turque de commencer le massacre.

Les premières victimes furent quelques

Arméniens qui se trouvaient au palais du gouvernement. En les tuant au palais même, le gouvernement avait l'intention de faire croire que ces Arméniens avaient attaqué le palais et étaient morts dans le combat qu'ils avaient eux-mêmes commencé. Tout d'abord, les soldats ne tiraient que dans une certaine limite, rien que pour attiser le trouble ; mais lorsque la foule, enragée, se mit en mouvement, les soldats entrèrent dans leur vrai rôle ; ils tuaient tous les Arméniens qu'ils rencontraient, sans pitié surtout pour les jeunes, après les avoir dépouillés jusqu'à la la mi-nudité. Ceux qui, avertis par les coups de fusil, s'enfuyaient éperdûment, étaient surpris par les soldats ou atteints par les balles qui sifflaient dans l'air. D'un côté les rues s'encombraient de cadavres dont les tas allaient en grossissant ; de l'autre, une partie des soldats et de la foule était occupée à piller les magasins et les boutiques restées ouvertes. Les Grecs furent soigneusement protégés par le gouvernement, et personne n'osa les toucher. Pour forcer les portes des magasins et pour briser les coffre-forts, la foule avait recours à l'aide des soldats, qui arrivaient de suite et cassaient les cadenas à coups de fusil. Ils tombaient cinq ou six sur un seul, et non satisfaits de le tuer en le trouant de plusieurs balles, ils se ruaient sur le blessé ou sur le mort, et le torturaient, déchiraient, outrageaient, salissaient. Les Turcs de Soubachighoulp ont égorgé quelques Arméniens, puis les ont écorchés comme des moutons, et les ont pendus à des crochets dans les boucheries. Il y en eut qui, croyant naïvement que les soldats étaient là pour rétablir l'ordre et pour protéger le peuple attaqué, allèrent eux-mêmes leur demander de les défendre ; ils furent cruellement tués par eux. Parmi ceux-là se trouvait le négociant bien connu Haroutioun Fermanian, qui avait quitté la maison où il était en sûreté pour aller au secours de sa famille, et se fiant aux soldats, fut amené par ces misérables au corps de garde et atrocement tué. Le négociant Arménag Gontagdjian fut également saisi devant sa maison par les soldats qui lui coupèrent les mains, parce qu'il se défendait avec son pistolet, et puis l'égorgèrent. Un groupe de Turcs s'amusait à brûler, en tas, les corps de ceux qu'ils avaient tués, après les avoir enduits de pétrole; rangés en cercle autour du bûcher, ils regardaient avec de grands éclats de rire.

Le lendemain du massacre, le cimetière arménien offrait un spectacle épouvantable et navrant : des centaines de cadavres ensanglantés, mutilés, déformés, méconnaissables, entassés les uns sur les autres, et un grand nombre d'Arméniens, venus là au risque d'être tués en chemin, pour chercher leurs parents, leurs aimés parmi les cadavres, errant autour des tas, se penchant sur chaque corps, sans réussir à les reconnaître.

Erzeroum, 30 octobre 1895.

Mon cher ami,

On vous a dû déjà faire la description du massacre de notreville. Je veux vous en écrire moi aussi. Mais je ne sais par où commencer, je suis étourdi. Les impressions de ces récents événements ont été tellement violentes qu'elles ont émoussé notre sensibilité; nous apprenons maintenant avec sang-froid des nouvelles effrayantes qui en un autre temps nous auraient rendus fous. Nous avons appris par exemple qu'à Baïbourd il ne reste plus d'Arméniens du sexe mâle, qu'on a violé les femmes, égorgé les élèves et les maîtres des écoles, mis en pièces le curé; mais tout cela fait maintenant sur nous la même impression que nous avions en temps ordinaire, en apprenant qu'on a roué de coups un Arménien à Baïbourd. En ce moment nous nous trouvons dans une chambre, où un blessé couché souffre de sa blessure, nous n'en causons pas moins avec une insouciance d'abrutis, nous buvons même. Un de nos compagnons pleure amèrement de ce qu'il n'est pas mort, lui aussi, frappé d'une balle. N'est-ce pas une vie stupide, bestiale que nous menons là? Mais laissons tout cela. Je veux vous raconter ce que j'ai vu de mes propres yeux.

Le 18 octobre, mercredi, à midi, j'étais entré dans une de nos écoles pour une affaire; j'avais l'intention d'aller déjeuner après. Je dois sûrement à cette circonstance d'avoir échappé à la mort. Si j'avais commencé par aller au restaurant, c'en était fait de moi, car juste en ce moment le massacre avait commencé, bien que je n'en susse rien.

Il y avait à peine un quart d'heure que j'étais à l'école, lorsque tout à coup, un étrange bouleversement s'y produisit. Nous courûmes hors du cabinet des professeurs et nous vîmes devant la porte une femme qui s'arrachait les cheveux et criait : « Ils égorgent ! ils égorgent ! » Au même moment un jeune homme tout ensanglanté entra dans l'école en nous suppliant de l'abriter. Pas de doute, le massacre avait commencé. Nous avons fermé solidement les portes, nous avons réuni les filles et les garçons dans une même salle, et nous avons chargé nos revolvers. Il y avait avec moi deux professeurs, deux institutrices, trois domestiques et quelques personnes encore. Mais que pouvions-nous faire ? Comment pouvions-nous faire taire cinq cents enfants qui pleuraient à grand bruit ? Il y avait à peine parmi eux quelques garçons au-dessus de dix ans. Nous n'avions encore rien vu, rien entendu. Après avoir rangé les élèves, nous les avons calmés et les avons fait cesser de pleurer, puis nous sommes montés à l'étage supérieur pour regarder ce qui se passait aux environs. Par les rues, couraient sans cesse des Lazes, des Tcherkesses, des Turkmans, des Turcs de l'endroit, chargés tous de marchandises enlevées. Cela nous fit entendre qu'on avait attaqué le marché. Nous nous rassurions un peu en croyant que la foule n'avait pensé qu'au pillage. C'est plus tard seulement que nous avons connu l'effroyable réalité. Un des nôtres ne put se retenir en voyant un Laze qui passait chargé de marchandises et tira un coup de révolver pour le tuer. Nous voulûmes d'abord l'empêcher, car nous n'avions pas beaucoup de cartouches, et nous devions garder nos provisions pour nous défendre lorsque l'école serait attaquée. Mais ce seul coup de revolver eut un très bon résultat. Le Laze, qui s'était sauvé, avait raconté à tout le monde que l'école était remplie d'un grand nombre d'hommes armés.

A partir de ce moment personne n'osa plus passer par la rue de l'école.

Nous entendîmes bientôt des coups de fusil. Nous supposions naïvement que c'étaient les soldats qui tiraient pour effrayer la foule et l'empêcher d'attaquer les quartiers arméniens. Pouvions-nous penser que ces coups de fusils étaient dirigés contre les Arméniens, que les soldats avaient reçu l'ordre formel de tuer nos frères, que la foule jouait en cela un rôle passif et que c'étaient les réguliers qui avaient commencé le massacre et ouvert le chemin à la foule?

Les coups de fusils s'approchaient parfois, puis s'éloignaient. Toutes les fois qu'ils s'approchaient, les enfants poussaient des cris de frayeur. Comme il est dur de passer des instants pareils avec des enfants! Nous eûmes recours à tous les moyens pour les calmer.

Il était neuf heures du soir, au moment le plus terrible du massacre, — ce que nous n'avons appris que plus tard, — lorsque tout près de nous quelques coups de fusil partirent contre l'école. Nous pensâmes : « la foule nous attaque » et nous courûmes vers le côté d'où nous avions entendu les coups. Les enfants avaient recommencé à crier et à pleurer. Nous vîmes, à notre grande stupéfaction, des soldats qui se tenaient le long du mur; c'étaient eux-mêmes qui avaient tiré. Nous avons compris alors quel rôle jouaient les soldats dans cette affaire.

Plus tard nous avons appris que ces soldats étaient venus dans l'intention de connaître nos forces; ils étaient décidés, s'ils nous trouvaient faibles, à démolir l'école et à nous massacrer tous. Mais nous ne répondîmes pas; nous restâmes calmes et attendîmes en silence. Cela les trompa. Ils furent raffermis dans leur conviction que l' [illegible] était bien armée et s'enfuirent un à un, glissant le long des murs, tâchant de n'être pas vus.

La nuit était arrivée, nous entendions encore des coups de fusil, mais moins fréquents. Les enfants pleuraient et voulaient retourner chez eux. Il n'y avait plus moyen de les calmer. Nous distribuâmes un morceau de pnia à chacun. Quant ils eurent mangé, nous les priâmes de se coucher et de dormir. Ils s'étendirent, serrés les uns contre les autres, sur le dur parquet et s'endormirent, comme des agneaux. Une partie, surtout les âgés, refusèrent de dormir; ils voulaient veiller jusqu'au matin. Quelques petits de six à sept ans pleuraient toujours, voulaient aller près de leurs mères.

Un d'eux nous attendrit particulièrement. Nous lui disions pour le calmer que l'école était un endroit plus sûr, et qu'en ce moment sa mère elle-même ne devait pas être bien contente d'être chez elle; à ces mots, le pauvre enfant se mit à crier plus fort encore en disant qu'il pleurait justement parce que sa mère n'était pas en sûreté.

Alors nous commençâmes à chanter à voix très douce des chansons tristes; cela les calma tous; le bruit cessa. Quelques-uns des nôtres restèrent près des enfants, et nous montâmes à l'étage supérieur pour surveiller les environs.

C'était une nuit sereine, il n'y avait au ciel que quelques petits nuages. La lune éclairait la ville, un peu plus loin s'élevaient les flammes des maisons incendiées, parfois des coups de fusil éclataient encore. Cette même lune, nous disions-nous, éclaire à cette même heure d'autres pays, où sa lumière réjouit les hommes, où l'on marche, on cause, on rit, on s'amuse à l'aise, sans se douter qu'en un coin de la terre on se sert de cette lumière radieuse pour égorger, incendier, piller et violer...

Vers le matin, la tranquillité renaissait, on n'entendait que les hurlements prolongés des chiens de rue. Mais à peine le jour eut-il paru que les coups de fusils recommencèrent. Que s'était-il passé? qui était mort? qui était vivant? Nous n'avions pensé qu'à cela pendant toute la nuit. Au matin, des soldats vinrent, précédés de leurs capitaines, nous disant que la paix s'était rétablie maintenant, et nous conseillèrent de nous rendre. Ils nous promettaient de nous faire arriver chez nous sains et saufs. Nous ne pûmes pas nous fier tout d'abord à leurs paroles, mais la présence parmi eux de quelques Persans nous donna confiance. Nous sortîmes. Quant à ce que nous apprîmes après, on doit vous l'avoir déjà écrit.

ERZINDJAN

Erzindjan, 22 octobre 1895.

Le massacre qui a eu lieu ici le 9 octobre, a pris vraiment des proportions tragiques.

Les autorités commencèrent par tromper les Arméniens en les assurant de leur protection; ils réussirent à les faire sortir de chez eux et aller au marché à neuf heures du matin le massacre commença; il dura pendant six heures. Le marché fut pillé en entier, un grand nombre des nôtres furent tués. La même chose se passa dans les villages. Le nombre des morts dépasse le millier, et celui des blessés est encore plus élevé. Dans chaque maison, ils eurent soin, pendant le pillage, de brûler la provision de blé et d'orge; et jusqu'à présent, — treize jours après le massacre, — les ruisseaux charrient encore des tas de blé et d'orge brûlée.

Toute la population arménienne d'Erzindjan est dans une misère extrême; nous sommes condamnés à mourir de faim, si nous ne périssons pas dans un grand massacre qui est probable. C'est une chose prouvée que le massacre a été mené par les soldats; la plupart des corps portent des blessures de baïonnette. Le jour était fixé d'avance, et l'on a vu pendant le massacre de hauts fonctionnaires turcs qui criaient à la foule : « Égorgez les ghiaours! ne craignez rien! »

Maintenant, le Muchir s'efforce de démontrer que les provocateurs du massacre furent les Arméniens; il les représente comme ayant voulu s'insurger contre le gouvernement et comme ayant attaqué les Turcs.

Et l'on nous dit que le projet des réformes est accepté par le Sultan! Quel projet? quelles réformes? et quelle drôle d'exécution! Nous n'y comprenons plus rien.

Erzindjan, 25 novembre 1895.

Trois semaines après le massacre, les autorités civiles ont présenté à l'Évêché la copie d'un télégramme devant être adressé au Palais Impérial et aux autorités centrales, dont la teneur attribuait aux Arméniens la provocation et la responsabilité des massacres. Aprés avoir tué tant des nôtres, on voulait nous faire assumer le rôle de bourreaux.

Nous avons refusé net; mais le gouvernement use de pression pour arriver à ses fins; la continuation des actes d'oppression augmente les appréhensions du peuple; les arrestations continuent; la plupart des anciens notables (qui sont tous aujourd'hui réduits à une misère atroce, par suite du pillage) gémissent dans les cachots, où ils sont souvent laissés des semaines entières sans même subir un interrogatoire préliminaire. Le gouvernement a aussi ordonné l'arrestation du prêtre Der-Kévork, métropolitain ad interim d'Erzindjan et du prêtre Der-Constantin qui se trouvent dans les cachots depuis treize jours.

D'autre part, les perquisitions opérées avec des procédés sévères, augmentent aussi la frayeur du peuple.

Les ecclésiastiques arméniens et les membres de la communauté qui se sont adressés aux autorités gouvernementales, pour les implorer, au nom de l'Évêché, de porter remède aux souffrances du peuple, tant dans la ville même d'Erzindjan que dans les villages, n'ont eu qu'à constater une hostilité manifeste; ils ont été réprimandés par les hauts fonctionnaires, comme exagérant la situation et comme voulant légitimer des actes de rébellion. Des centaines de vieillards, de femmes et d'enfants arrivent chaque jour à Erzindjan des villages des environs et s'adressent aux autorités pour demander assistance; un refus catégorique leur est opposé; ils se trouvent obligés de regagner leur village, après avoir été réprimandés et maltraités.

Le gouvernement met le comble à cette situation, en retenant pour compte des dettes provenant des impôts des années écoulées, et même de ceux de l'année courante, les quelques medjidiés arrivés par la poste à l'adresse de quelques familles dont les parents se trouvent à Constantinople.

Comme il n'existe plus aucun autre moyen pour envoyer de l'argent de Constantinople à Erzindjan (les anciens sarafs, réduits à la misère, ne pouvant plus continuer leurs relations avec la capitale) cette conduite du gouvernement équivaut à condamner à la mort par l'inanition, même ceux qui reçoivent quelques secours.

La commission chargée de ramasser les objets et marchandises pillés a réussi à réunir quelques objets détériorés et sans valeur, qui représentent à peine un centième de la perte des Arméniens; la remise de ces objets à leurs propriétaires aura lieu dans le courant de cette semaine; mais là aussi le gouvernement prétend faire rentrer les impôts en faisant vendre d'office des marchandises d'une valeur égale à la dette dans chaque cas où le propriétaire serait un débiteur. Dans le but de justifier les arrestations, le gouvernement crée chaque jour de nouveaux prétextes; ainsi, depuis quelques jours, il presse les Arméniens de lui livrer un brigand nommé Roupen, complètement inconnu dans le pays. Il serait inutile d'énumérer une à une toutes les mesures de rigueur qui ont été prises sous ce prétexte.

Il est à noter que tandis que la population arménienne souffre de telles pressions, les Turcs, encouragés par la conduite haineuse des autorités, commettent chaque jour de nouveaux méfaits; si cette situation continue, l'extermination totale des Arméniens dans ce pays est inévitable.

Ainsi, la répétition des désordres à Erzeroum, désordres provoqués par les Turcs, a causé ici une grande surexcitation parmi les musulmans. En apprenant que dans les vilayets environnants le sort des Arméniens avait été plus cruel qu'ici, la populace d'Erzindjan juge n'avoir pas assez fait et se propose d'organiser un nouveau massacre, cette fois-ci par l'attaque des quartiers arméniens.

Déjà quelques essais dans ce sens ont eu lieu; des gens consciencieux parmi les notables musulmans ne cessent de conseiller aux Arméniens de ne pas ouvrir leurs boutiques; la situation est des plus tendues. Sans des mesures immédiates, de nouveaux désordres ne manqueront pas de se produire.

Les Arméniens continuent à être en butte à toute espèce de vexation; ainsi les locataires arméniens de quelques magasins situés à proximité du palais du Gouvernement, qui avaient échappés au pillage grâce à la protection de leurs propriétaires musulmans, en ont été chassés pendant cette semaine, en dépit des contrats réguliers de location qu'ils possédaient; les agents de l'autorité ont déclaré que les Ghiaours n'avaient pas le droit de tenir boutique dans les dits endroits; les quelques employés arméniens du gouvernement ont été révoqués de leurs fonctions.

Il y a encore une circonstance que nous ne pouvons pas passer sous silence; plusieurs fonctionnaires du gouvernement, parmi lesquels des hommes ayant reçu une certaine éducation, répètent continuellement ces paroles : « La Russie seule pouvait, par sa position naturelle, vous protéger; or, elle est en ce moment l'amie de la Turquie; les autres grandes puissances, même si elles unissaient leurs efforts à ceux de l'Angleterre, ne peuvent être d'aucun secours réel aux Arméniens; grâce à l'amitié de la Russie, nous pouvons vous anéantir sans être inquiétés, et vous pouvez être sûrs que nous n'y manquerons pas. »

Ces paroles, qui paraissent être propagées par le maréchal Zéki Pacha lui-même, ont causé la plus grande excitation et ont provoqué de graves méfaits.

BAIBOURD

Baïbourd, 20 octobre 1895.

Bien que depuis longtemps nous voyions des gens envoyés par le Sultan exciter les Turcs contre les Arméniens, nous ne pouvions pas nous imaginer qu'ils fussent capables de faire, d'une façon aussi cynique, ce qu'ils nous ont fait, à nous qui sommes leurs compatriotes depuis des siècles.

Dès le 1er octobre, des Turcs de Yomoura, de Surméné et de Gumuchhané, divisés en troupes assez nombreuses, marchèrent sur nos villages, tous armés de fusils distribués par le gouvernement. Ils étaient accompagnés des Kurdes de ces endroits. Les 29 villages, habités pour la plupart par des Arméniens, furent en quelques jours ravagés par ces hordes sauvages. Comme s'ils n'étaient pas en assez grand nombre pour commettre toutes les atrocités possibles, ils furent renforcés par des bataillons de réguliers envoyés d'Erzindjan par Zéki pacha. Le sang coula par torents, le sang d'un peuple qui avait servi depuis des siècles ces Turcs qui les massacraient maintenant, et qui inondait un sol que l'Arménien avait toujours fécondé de son travail pour nourrir ces bourreaux stupides et ingrats. Il détruirent tout, couvent, église, école, maisons; ils exécutèrent toutes les monstruosités qui passèrent par leurs affreuses têtes enveloppées de turbans blancs.

Dans le village de Varazan, où il y avait 115 familles arméniennes, 6 personnes seulement ont échappé à la mort.

Dans le village d'Erghé, les Arméniens ont essayé de résister avec le peu d'armes qu'ils avaient; ils ont réussi à repousser les Turcs trois fois; la quatrième fois ceux-ci sont revenus au nombre de 6.000, et ont écrasé les Arméniens.

Le village de Lousshonk ne fut d'abord attaqué que par une troupe de 200 personnes armées de fusils. Les Arméniens, au nombre de 40, assez bien armés, réussirent à les repousser. Les Turcs revinrent une seconde fois en bien plus grand nombre ; les nôtres furent forcés de prendre la fuite ; ils se réfugièrent dans les forêts. Ceux qui n'eurent pas le temps de s'enfuir furent tués avec des tortures horribles. Un grand nombre de femmes et de jeunes filles furent violées et suppliciées. Les monstres s'amusaient à enfoncer leur poignard dans la poitrine ou dans le cou des blessés et de l'y tourner comme une vrille. Ils en tuèrent plusieurs avec des haches, très lentement, en coupant morceau par morceau.

Dans les villages d'Arudsga, de Guramel, d'Avérag, d'Almechga, les Turcs, après avoir massacré un grand nombre d'Arméniens, ont converti et circoncis par force une partie des survivants. Ils ont emporté tous les objets de valeur des églises et des couvents; ils ont souillé l'autel et les images.

A Ksanta, il y eut un massacre épouvantable. Les femmes se jetèrent dans les puits, se tuèrent par d'autres moyens, pour ne pas tomber aux mains des Turcs. Le couvent de

Saint-Cristophe est complètement pillé, et l'église transformée en mosquée.

Comment décrire en entier un événement aussi terrible? par où commencer? par où finir? Il n'y a plus que ruines et deuils à Baïbourd!

Baïbourd, 19 novembre 1895.

Les terribles événements qui ont eu lieu ici le 14 octobre dernier, se sont répétés dans les villages des environs, où la plus grande partie des Arméniens ont dû, de force, changer de religion et où les églises ont été converties en mosquées.

Les églises arméniennes de Baïbourd, qui ont été saccagées et profanées, sont fermées depuis le 14 Octobre; il y a quelques jours, le nouveau Caïmacam, invitant les desservants de ces églises auprès de lui, a proposé de leur procurer quelques objets indispensables au culte, tels que saintes images, livres de messe, etc., s'ils consentaient à reprendre la célébration des offices; il a réussi à gagner à ses vues l'un des prêtres, mais il est certain que les églises, ayant été profanées, ne peuvent se rouvrir qu'après la célébration de l'office de purification, qui doit être ordonnée par l'autorité ecclésiastique supérieure.

Les commissaires enquêteurs envoyés par la Sublime Porte dans le but de faire disparaître, autant que possible, les traces des méfaits des Turcs et des Kurdes, ont fait procéder, aux frais de la municipalité, et sans demander l'autorisation de la communauté, à la restauration de la cathédrale arménienne et de l'école contiguë, ainsi que des magasins pillés et saccagés du Bazar; ils emploient la pression pour que les Arméniens ouvrent, chaque jour, comme par le passé, leurs boutiques; à quoi pourraient-ils vaquer dans ces magasins, puisqu'ils ne possèdent plus la moindre marchandise, le moindre objet de commerce?

Tous les instituteurs, à l'exception d'un instituteur primaire, ayant été massacrés, les écoles continuent à rester fermées; les enfants, privés d'instruction, errent dans les rues. Les outrages à la religion chrétienne et les conversions forcées n'ont pas pris fin; il y a quelques jours, on eut de grandes difficultés pour sauver des mains des ravisseurs deux jeunes demoiselles, originaires du village de Varazan, qu'on avait emmenées à Baïbourd, et qui y étaient gardées chez des Turcs, pour être converties à l'islamisme.

Le gouvernement a laissé en liberté une minime partie des prisonniers arméniens; mais les notables arméniens de Baïbourd et quelques autres personnes innocentes, continuent à rester sous les verroux. Avant l'arrivée de la commission d'enquête, on infligeait à ces prisonniers de terribles tortures; on leur donnait la bastonnade, on leur versait de l'eau glacée en grande quantité sur la tête, on leur trouait le corps avec des clous, et on les laissait sans nourriture pendant des journées entières; c'est par de tels procédés que les autorités ont réussi à obtenir certaines déclarations et dépositions conformes à leurs vues.

La sécurité et la tranquillité ne sont pas rétablies ici et ne le seront pas tant que certains fonctionnaires civils et militaires, qui ont été les instigateurs des massacres, continucront à être maintenus dans leurs fonctions. Pour donner une idée de la cruauté avec laquelle ont agi ces fonctionnaires, nous pouvons mentionner la conduite du commandant de gendarmerie de Baïbourd qui, s'étant rendu avant le 14 octobre au village de Ksanta, avait obtenu des femmes arméniennes de ce village des pièces d'or et des bijoux d'une valeur totale de [illegible]00 L.T., pour ne pas faire massacrer les habitants de sexe mâle du village, mais qui plus tard réunissant, par un prétexte quelconque, les femmes et les enfants dans un champ, les a fait massacrer. Cet homme a été l'auteur des massacres des villages de Baïbourd; il a usé, partout, de pareils procédés; d'autres fonctionnaires aussi se sont rendus coupables, à divers degrés, de cruautés semblables; ces hommes emploient actuellement toute leur force à empêcher les Arméniens de porter plainte et de faire connaître la vérité à l'étranger.

La situation économique du pays est absolument déplorable; le commerce a cessé, pour ne plus reprendre; la famine règne; si des secours immédiats n'arrivent pas, les survivants des massacres périront par la faim.

Les dames arméniennes de Baïbourd ont présenté aux commissaires enquêteurs nommés par la Sublime Porte, qui s'étaient rendus à la dite ville, la requête suivante :

« Les Arméniens de cette ville ont prouvé, depuis cinq siècles leur fidélité envers le gouvernement Impérial par une conduite exemplaire; ils ont toujours vécu en bonne intelligence avec leurs compatriotes musulmans.

« Quelques perturbateurs musulmans, (dont nous sommes obligés de taire momentanément les noms, à cause des menaces proférées et de l'insécurité régnante) ont attenté à la quiétude de cette population et à la tranquillité du pays, en excitant certains sentiments religieux et ont fait surgir de l'animosité entre les deux éléments.

« Depuis le 1er Octobre, nos compatriotes musulmans de Baïbourd et des environs, attaquant les villages, ont égorgé et massacré avec des procédés barbares des milliers de vieillards, d'hommes adultes, de femmes et d'enfants, qui ne possédaient aucune arme; ils ont profané les églises, dans lesquelles on a souillé les objets de culte, et dont les richesses ont été pillées; une partie de ces églises ont été converties en mosquées; les musulmans ont, en outre, enlevé de nombreuses femmes et jeunes filles et attenté à leur honneur.

« Ces faits ayant à juste titre alarmé la population de la ville, elle s'était retirée dans les habitations, après avoir fermé les magasins et les boutiques; En même temps, l'autorité ecclésiastique arménienne avait fait diverses démarches auprès du commandant en chef du quatrième corps d'armée et auprès du gouverneur général du vilayet d'Erzeroum, pour solliciter la mise en vigueur des mesures exigées par cette situation alarmante.

« Toutes ces démarches sont restées sans résultat; tandis que les Arméniens de Baïbourd se croyant en sûreté à la suite de l'arrivée d'un régiment d'infanterie qu'on avait envoyé d'Erzindjan, avaient ouvert leurs magasins et leurs boutiques, dans la matinée du 14 octobre, vers quatre heures à la turque, la populace musulmane, assemblée en hordes sur les instigations des dits perturbateurs, a attaqué les habitations et les magasins des Arméniens qu'elle a pillés jusqu'au lendemain matin, n'épargnant pas même la chaumière de l'indigent; après avoir emporté toutes les marchandises dans le marché, on a aussi détruit les archives et les papiers d'affaires. Il en a été de même de nos églises, dont les richesses, consistant en objets de culte, livres de prières, etc., ont été totalement emportées.

« Les honorables commissaires enquêteurs constateront la véracité de ces faits par les dégâts causés, dont les traces existent encore aujourd'hui.

« Les habitants mâles de Baïbourd n'ont opposé aucune résistance aux agresseurs; pourtant, l'archimandrite Khorèn Guiroyan, les professeurs de nos écoles, une partie des élèves et des centaines d'Arméniens des deux sexes et de toute classe ont été cruellement tués et dépecés; on a ouvert le ventre à plusieurs femmes enceintes, et on a arraché les fœtus de leurs entrailles; on a écorché des jeunes hommes de 15 à 16 ans; on a été jusqu'à perquisitionner dans les recoins et cachettes et on a tué ceux qui avaient pu se cacher dans le but de sauver leur vie.

« Pour résumer toute cette situation nous pouvons dire, en un mot, que des crimes atroces d'une férocité inimaginable ont été commis.

« Après tant d'infortunes, nous sommes vouées à présent à la misère la plus noire, avec nos familles et nos enfants; nous souffrons de la faim; nous ne possédons pas même des haillons pour nous protéger contre les rigueurs de la saison; nous ne possédons pas de gîte, nos maisons ayant été incendiées.

« Notre honneur et notre sécurité sont exposés à tous les dangers.

« Pour comble de malheur, les survivants parmi les Arméniens de sexe mâle ont été emprisonnés, sans instruction et sans jugement.

« Nous supplions donc l'honorable commission d'enquête d'ordonner la mise immédiate en liberté des chefs de nos familles ; de procéder à une enquête impartiale, afin d'établir les événements sous leur vrai jour et de punir sévèrement les perturbateurs susmentionnés ; de nous faire rendre nos meubles et nos biens saccagés et nous faire dédommager de tout objet dont la restitution en nature serait impossible ; de rétablir enfin l'ordre et la sécurité, pour que l'état incertain actuel ainsi que nos souffrances prennent fin. »

BITLIS

Bitlis, 26 octobre 1895.

Le massacre eut lieu ici le vendredi 12 octobre. Il dura de dix heures du matin à cinq heures du soir. Le spectacle était indescriptible. Les Turcs, armés de sabres, de triques, de fusils, marchèrent sur les Arméniens et se mirent à les massacrer furieusement, dans les rues, au marché, partout où ils les rencontraient. Ils pillèrent complètement le marché. Deux *hans* ont pu échapper au pillage; les Arméniens qui s'y trouvaient n'en sortirent pas pendant quatre jours. Le cinquième jour, la police fit sortir par force ces malheureux et les mit tous en prison, les accusant d'avoir été les provocateurs des massacres.

Nous tous qui avons survécu à cette calamité, nous ne savons guère ce que nous deviendrons. Nous sommes étourdis, abrutis par ce qui s'est passé; nous en sommes malades. Blottis au coin de nos maisons, nous attendons. Ce qui nous reste de vie chancelle entre la peur et la faim. Nous sommes perdus, si l'on ne s'empresse pas de nous envoyer des secours. Nous n'avons plus rien. Ils nous ont tout pris. Après le massacre, ils sont revenus dans nos maisons et ont emporté tout ce qui restait, sans laisser même un morceau de pain. Si l'on nous abandonne sans secours, nos maisons seront nos tombeaux.

Les victimes du massacre furent bien nombreuses; il y a parmi elles des femmes et même des petits enfants. Il y en eut aussi qui moururent de peur.

La situation a été bien pire dans les villages. Des environs de Bitlis nous arrivent des nouvelles épouvantables. Vingt-deux villages sont détruits presque entièrement.

Le gouvernement nous rendit les cadavres après le massacre. Nous les avons enterrés dans le puits se trouvant près des églises Garmerag et Sourp-Kévork. Les Turcs en avaient déjà brûlé un bon nombre; ils en enterrèrent une partie dans leur cimetière, comme si ces morts étaient devenus musulmans.

Les cadavres qu'ils nous ont rendus étaient presque tous affreusement mutilés et tout nus. Les Turcs les avaient complètement dépouillés, en leur prenant même leurs caleçons.

Bitlis, 15 novembre 1895.

Les renseignements qui nous parviennent de Segherd, relativement au massacre et au pillage commis douze jours avant la date dans cette ville, contiennent les détails les plus douloureux. Soixante-dix personnes environ ont été massacrées; on a complètement pillé le marché et les habitations et enlevé plusieurs femmes et jeunes filles, parmi lesquelles quelques-unes ont subi les derniers outrages; l'église, l'évêché et l'école arméniennes n'ont pas échappé à la férocité des hordes, qui les ont pillés et qui ont massacré les prêtres, les instituteurs, le serviteur du métropolitain et dangereusement blessé le métropolitain ad interim lui-même, l'archimandrite Dimothéos Divriklian.

Lors des troubles, les assaillants ont fait usage des procédés les plus barbares; une partie des Arméniens qui avait échappé au massacre s'est convertie, sous une pression menaçante, à l'islamisme. Il en a été de même des villages arméniens suivants du nahieh de Yéroun (caza de Chervan) : Sarrous (30 maisons), Napaine (40 maisons), Sermed (20 maisons), Terek (6 maisons). Dans ces villages, après le massacre et le pillage, les Arméniens qui avaient pu y échapper ont embrassé l'islamisme de même que les desservants de leurs églises, lesquelles ont été converties en mosquées et servent actuellement de séminaires aux mollahs turcs, qui y enseignent victorieusement la religion mahométane.

Les villages de Guendzik (50 maisons), Segherd (30 maisons), Tchoum (20 maisons),

Mazraa (6 maisons), situés dans ledit nahieh de Yéroun, et habités exclusivement par des chrétiens, ont subi l'attaque des hordes et une grande partie des habitants ont été massacrés. Rien que dans le village de Guendzik vingt-trois personnes ont péri d'inanition, ensevelies sous la neige. L'épouse et la bru du prêtre arménien du village ont été enlevées. Le *ress* du village arménien de Maden (40 maisons) a été tué, sa fille et sa bru ont été enlevées. Le village a été complètement dévasté; plusieurs habitants ont été massacrés; les hordes ont fait subir les derniers outrages aux épouses et sœurs des victimes. La moitié des habitants de Kourina (30 maisons) a été tuée, le reste a embrassé en masse l'islamisme. On a de même massacré la moitié des habitants du village de Kourtétizan (30 maisons); le maire du village a été brûlé vif, après de terribles tortures; le reste de la population s'est réfugié sur les montagnes et dans les forêts. Il en a été de même des habitants du village de Guiguan (50 maisons), dont la moitié a été massacrée et l'autre moitié s'est dispersée. Le village de Menar (30 maisons) se trouve complètement ruiné. Le massacre, le pillage et les enlèvements n'y ont laissé aucun habitant.

Les villages de Tchelgun et de Sentian, à une heure de distance de Bitlis, ont été pillés le 5 novembre. Les villages de Dachtow, de Kharth, de Dep, de Sac, de Garp et de Nel ont aussi subi des massacres et des pillages. Les hordes n'y ont pas même épargné les églises.

Dans le district de Khizan, les supérieurs des couvents de Sourpe-Khatch et de Sourp-Kamakhiel ont été massacrés. Plusieurs autres couvents et églises du district de Khizan ont été pillés et démolis. Les villages arméniens de ce district ont subi de terribles massacres, pendant lesquels des pillages, des enlèvements et des outrages ont eu lieu. Dans ces villages, des familles entières ont dû embrasser l'islamisme.

Les attaques des hordes et les crimes dont elles se rendent coupables continuent partout. Chaque jour des centaines de nouveaux incidents ont lieu; les villageois ne peuvent pas faire parvenir leurs doléances aux autorités ecclésiastiques, par suite de la terreur régnante. Des morts par la faim et le froid se produisent ; on peut résumer la situation en disant que l'œuvre de l'extermination des chrétiens de l'Asie-Mineure avance à pas de géant.

Trente-cinq jours se sont écoulés depuis le massacre de Bitlis et on n'a fait parvenir aucun secours aux victimes; la justice continue à leur être absolument refusée; l'élément musulman, encouragé par l'impunité, menace les chrétiens de nouveaux méfaits, plus terribles que ceux dont ils se plaignent actuellement.

A Bitlis, on a torturé les prisonniers arméniens et c'est par de tels procédés qu'on leur a arraché un télégramme adressé aux autorités centrales, dans lequel ils déclarent assumer la responsabilité des désordres, dont ils avouent que les Arméniens sont les instigateurs. Les prisonniers nous avaient priés, au nom du salut du reste des habitants, menacés d'un nouveau massacre, de signer le dit télégramme. Nous avons dû nous conformer à leurs prières ; mais nous ne croyons pas qu'un télégramme arraché dans de telles conditions puisse avoir la moindre importance ; la vérité reste toujours intacte ; nous n'avons cessé de déclarer depuis le 13 octobre que les massacres ont été commis avec préméditation par les musulmans qui, par une attaque subite, ont égorgé six cents chrétiens environ ; et que les soldats de l'armée régulière et les gendarmes ont pris une part des plus actives au massacre et au pillage ; les Arméniens n'ont, par aucun acte, provoqué le massacre ; conséquemment, les déclarations arrachées par des tortures et par des menaces se trouvent en complète opposition avec la vérité.

Après avoir obtenu ce premier télégramme, les autorités en ont redigé un nouveau, qui contient des déclarations d'une responsabilité plus écrasante encore que le premier ; on oblige les Arméniens de signer ce télégramme sous de graves menaces. Il est impossible d'opposer un refus formel à ces exigences, car de nouveaux massacres peuvent se produire d'un moment à l'autre, mais nous espérons que personne ne sera trompé par de tels documents et que, prenant en considération la situation dans laquelle nous nous trouvons, personne ne nous condamnera de les avoir signés.

Les Arméniens de Bitlis désirent une enquête impartiale, pour que la vérité puisse se faire jour ; une pareille enquête mettra en évidence les subterfuges auxquels ont recours les autorités afin d'altérer la vérité.

Bitlis, 22 novembre 1895.

Depuis deux jours il neige continuellement ici. Les relations avec les villes des environs sont partiellement interrompues, à cause de l'abondance de la neige. Ceux des Arméniens qui ont pu échapper au massacre souffrent cruellement de la famine. La misère est indescriptible. Sept personnes ont déjà péri, dans le courant de cette semaine, victimes de la terreur éprouvée et de la misère régnante. C'est l'agonie de ce peuple qui, après un massacre terrible, se trouve présentement abandonné à un destin fatal, sans gîte et sans nourriture. Des centaines d'Arméniens s'adressent journellement à l'Évêché, pour réclamer des secours. Mais l'Évêché, dont les ressources ont complètement tari, se trouve absolument incapable de leur procurer le moindre soulagement.

Les massacres et pillages continuent dans les dépendances du vilayet. Ainsi, deux villages arméniens du district de Dadik, à six heures de distance de Bitlis, qui avaient relativement échappé au pillage, ont subi une attaque, il y a deux jours, de la part des hordes qui ont emporté toute la richesse mobilière de la population, la réduisant à la plus atroce misère; une quarantaine d'Arméniens appartenant à la classe aisée et instruite de la population de Bitlis, qui avaient été emprisonnés sous l'accusation absurde d'avoir provoqué les troubles, continuent à gémir dans les cachots. De nouvelles arrestations ont lieu sans qu'on les justifie au moins par un semblant de raison.

A l'instant même, une députation du village arménien de Parkhanth, composé de 50 maisons et situé à une demi-heure de distance de la ville, s'est adressée à l'Évêché, implorant secours. Le village ayant été complètement saccagé par les hordes, la famine y règne actuellement, et quinze personnes sont déjà mortes, dans un délai de trois à quatre jours, de faim et de froid.

SEGHERD

Segherd, 19 décembre 1895.

On a tué ici 70 Arméniens, et on en a blessé un grand nombre; il y a tous les jours quelques morts parmi ceux-ci.

Les environs de Segherd sont en feu. Tous les survivants ont été convertis à l'islamisme; les églises sont changées en mosquées. Depuis cinq ans, la police s'était mise à enlever toute espèce d'armes aux Arméniens, de sorte qu'ils purent très faiblement se défendre. Le nombre des villages ravagés dépasse cent.

Des marchands de brebis kurdes, qui revenaient d'Alep, ont été témoins en route d'atrocités sans nom, à Kharpout, à Palou et aux environs. Ils ont vu, par les chemins et dans les champs, des centaines de corps de femmes toutes nues, souillées, déchirées, la plupart mortes ou agonisantes, quelques-unes ayant auprès d'elles des nourrissons encore vivants.

A Segherd et aux environs, comme partout, les fonctionnaires encouragèrent la foule turque et les hordes kurdes dans leur rage destructrive. Les soldats et les gendarmes qui allaient comme pour rétablir l'ordre furent, par leur conduite cynique et leur honteuse faim de pillage, bien plus ignobles que les brigands kurdes. Ils enlevèrent partout des femmes; ils emportèrent tout ce qu'ils trouvèrent.

MOUCH

Mouch, 22 novembre 1895.

Nous avons signalé, à plusieurs reprises, l'insécurité qui règne à Mouch, notamment depuis les massacres de Bitlis et l'incident qui a eu lieu le 3 courant à Mouch, et dans lequel trois Arméniens ont péri et trente autres ont été grièvement blessés.

Présentement, la population arménienne de la ville et des environs est livrée à la terreur, par suite des terribles menaces qui sont proférées journellement ; la sécurité de la vie, des biens et de l'honneur n'existe plus, et le danger d'un massacre général paraît imminent. Le marché de la ville et les établissements publics sont fermés ; les communications, même avec les villages situés dans la vallée de Mouch, sont interrompues.

La population arménienne du diocèse, dépourvue de toute ressource et condamnée à souffrir de la famine et d'une misère des plus atroces, se trouve livrée à un profond désespoir.

Il est complètement faux que les Arméniens, lors de la promulgation des Réformes, aient provoqué les massacres dans les provinces, comme les communiqués officiels tendent à le faire croire. Cette situation est l'œuvre des Turcs; si une commission d'enquête, composée de gens consciencieux et impartiaux, est envoyée sur les lieux, il sera très facile de constater la vérité et d'éviter peut-être de grandes effusions de sang.

Le métropolitain est absent, depuis une semaine, de la ville; il est allé sous les auspices du gouvernement à la localité dite Ikintchi-kol, à proximité du village d'Avran de la vallée de Mouch, pour faire restituer à leurs propriétaires une minime partie des bestiaux enlevés par les Kurdes et que l'autorité locale avait réussi à confisquer.

Mouch, 12 décembre 1895.

Les 37 villages arméniens des districts Khoulp et Khian de Gindje (au nord-ouest de Sassoun) sont entièrement pillés, la plupart des habitants massacrés, les survivants n'ont aucune provision pour l'hiver.

A Gindje, à Djabaghtchour, à Sikdé, à Bézar les massacres ont eu lieu dans 16 villages; les survivants ont embrassé l'islamisme.

On a massacré les habitants du grand hameau Lidjé, avec ceux de ses deux villages; les survivants et les sept prêtres ont embrassé l'islamisme.

Le village Chemchem de Lidjé a résisté longtemps aux Kurdes, les Arméniens y ont tué une centaine de Kurdes; mais le nombre de ceux-ci allant en augmentant, et la poudre et les balles manquant aux Arméniens, les assaillants passèrent au fil de l'épée tous les gens du village. Un grand nombre d'autres villages ont eu le même sort.

Les habitants de trois villages arméniens se trouvant aux environs du couvent de Magapaïétsvots (vilayet de Diarbékir), s'étaient réfugiés dans ce couvent; les Kurdes vinrent l'assiéger; les Arméniens résistèrent désespérément pendant six jours et tuèrent un grand nombre de Kurdes; cela irrita leurs cheikhs et leurs agas, qui rassemblèrent des troupes Kurdes de toutes parts, fermèrent les portes du couvent, y entrèrent; malgré la longue résistance qu'ils trouvèrent de la part des Arméniens, ils réussirent, grâce à leur nombre et à l'abondance de leurs provisions, à tuer tous les réfugiés, excepté les filles et les beaux garçons qu'ils emportèrent avec eux.

A Slivan, à Paravan, à Zrikan, à Behéri, 105 villages sont incendiés et massacrés; il n'y reste plus ni église ni couvent; on les a transformés en mosquées; les prêtres ont été pour la plupart tués avec des tortures horribles, les autres sont convertis par force à l'islamisme.

Mouch, 18 décembre 1895.

La commission d'enquête(1) arriva ici. Elle commença par faire des reproches aux autorités locales de ne pas avoir encore réussi à arracher aux Arméniens de Mouch une pétition de gratitude au Sultan. Le Pacha manda le président de l'éphorie et le somma avec des menaces de signer un télégramme de remerciement. « Mais de quoi voulez-vous que nous remerciions? » demande le président. « Cela ne vous regarde pas, répond le Pacha, faites comme les autres. » Le président le prie de faire signer le télégramme par le métropolitain et se retire.

La commission envoya Fethoullah effendi pour reprendre le butin que les Kurdes avaient enlevé dans la plaine de Mouch; il ne réussit qu'à reprendre le centième du butin enlevé.

Dans le village de Kavars, un individu

(1) Cette commission d'enquête fut envoyée, après les massacres, pour commencer l'exécution des réformes dans la province arménienne! On voit dans cette lettre de quelle facon elle s'y prit.

représentant l'autorité a dit en présence d'un grand nombre de Kurdes et d'Arméniens : « Les Kurdes ont mal agi; nous (le gouvernement) leur avions donné l'ordre de supprimer les Arméniens; ils ont plutôt pillé que tué, et voilà pourquoi à présent toutes ces corvées tombent sur nous. »

La commission a aussi envoyé des hommes pour relever les impôts, dans les villages de la plaine; ces hommes torturent les pauvres gens complètement pillés, ils leurs prennent le seul bœuf, le seul morceau de tapis qui leur reste et l'emportent au lieu de l'impôt : ils envoient les hommes à la prison de Mouch pour signer des pétitions de gratitude.

La commission a également mandé les notables de Mouch et les a sommés de désigner les patriotes parmi eux.

Enlever des femmes et des filles est devenu une chose ordinaire.

VAN

Van, 15 novembre 1895.

Presque tous les villages arméniens du vilayet de Van, ont été saccagés; plus de 150 habitants ont été massacrés; des milliers de personnes affamées et nues se réfugient à Van et demandent assistance; le prix des céréales a déjà haussé dans de grandes proportions; le froid et la famine menacent d'anéantir ceux qui ont pu échapper au massacre commis par les régiments Hamidié.

Il y a dix jours, les autorités provinciales ont envoyé quelques brigades de soldats et quelques fonctionnaires civils chargés du rétablissement de l'ordre et de la restitution des biens qui ont été pillés.

Ces soldats résident dans les villages qui avaient échappé aux pillages; ils en consomment les provisions. Quant aux fonctionnaires civils, ils ont à peine pu restituer 400 moutons et quelques animaux de labour. Aucun des pillards n'a été châtié.

Nous recevons de très graves nouvelles des districts de Khizan, de Spaguerd, de Gargar et de Mamordank, dépendant du vilayet de Bitlis.

L'abbé Sahak, supérieur du couvent de Sourpe-Khatch (district de Khizan) et un prêtre, desservant de l'église arménienne du village de Brochentz, ont été tués et leurs corps écorchés; les assassins, après avoir empaillé leurs cadavres, les ont pendus à un arbre, d'où ils n'ont pas été détachés jusqu'à ce jour.

On a, de force, converti à l'islamisme les trois prêtres du village de Kharkhotz, et leurs coiffures ont été changées en turbans; on les a promenés dans les rues, habillés en ulóma. Les districts précités ont été totalement saccagés et des centaines d'habitants tués; huit cents familles ont été, de force, converties à l'islamisme et on a tué ceux qui n'ont pas voulu abjurer leur foi.

C'est là la situation des districts environnants. Quant à la ville de Van, elle n'a pas encore subi de pillage et de massacre, mais une grande insécurité y règne. Depuis le massacre de Bitlis, le Bazar se trouvait déjà à moitié fermé ; les craintes de désordres ayant augmenté, la population arménienne de la ville a passé les deux dernières semaines dans les maisons, sans oser se hasarder dehors. Cette situation et les pillages qui ont eu lieu dans les dépendances ont porté un très grand préjudice à l'état économique du pays.

Van, 5 décembre 1895.

Pour faire suite aux renseignements relatifs aux massacres, pillages, déprédations, viols, profanations, conversions forcées etc., dont notre vilayet a été le théâtre, nous donnons un résumé succinct des faits qui se sont passés dans les districts de Khizan, de Gargar, de Spaguerde, de Mahmerdan, de

Gardjgan etc., dont les habitants, après avoir perdu un grand nombre des leurs, lors des massacres, ont été forcés d'abjurer leur foi et ont vu les églises et monastères de leurs pays profanés, pillés et réduits en ruines.

La situation générale du vilayet continue à être des plus précaires, et la conduite des autorités n'autorise aucun espoir de détente. Les pillards, exécutant les ordres qui leur venaient de haut lieu n'ont laissé absolument rien; la population entière est nue; on voit partout des gens qui couvrent leur nudité avec des herbes et se nourrissent de tout ce qu'ils peuvent trouver dans les champs; des milliers d'affamés, dans un état de misère indescriptible et n'ayant pas même des vêtements, arrivent chaque jour à la ville et demandent du pain et des vêtements; les moyens dont dispose le comité institué par l'Évêché sont loin de suffire à tous les besoins; les missionnaires américains font tout ce qu'ils peuvent avec les sommes qui leur parviennent de leur pays; mais la misère est grande; le gouvernement avait promis de faire distribuer du pain, cette promesse n'a pas été tenue. Il en est de même de la restitution des objets pillés; les quelques meubles qui ont été remis à leurs propriétaires ne représentent pas même le centième de la perte subie par les Arméniens.

Le bazar de Van continue à rester fermé; les Arméniens n'osent pas quitter leurs foyers, craignant à chaque instant de nouveaux incidents; les assassinats continuent dans les villages; il y a à peine quelques jours, huit Arméniens ont été massacrés dans le village de Tzapadan.

Les provisions d'hiver des Arméniens ayant été pillées, la disette se fait sentir; le prix de la farine a presque doublé; si cette situation continue, une famine terrible règnera vers la fin de l'hiver ou au printemps prochain.

Le peuple ne possède plus ni semence ni bétail pour reprendre les travaux de la terre.

Voici la liste des villages mentionnés plus haut où, après le massacre, les survivants ont été de force convertis à l'islamisme.

District de Khizan :

(dont la population a été en partie massacrée et en partie convertie au culte mahométan.)

NOMS DES VILLAGES	NOMBRE DES MAISONS	NOMS DES VILLAGES	NOMBRE DES MAISONS
Darantz	30	Norchèn	20
Nerkin-Darantz .	30	Yéghounk	10
Carassou.	25	Anabad	20
Vérin-Carassou .	30	Brochentz	20
Chèn.	40	Tars.	10
Kharith	40	Mandentz	20
Khoupe	10	Mamdentz	10
Taghik.	8	Gasser.	10
Palassor.	10	Hoguer	40
Khatchougantz. .	10	Khorkhotz. . . .	50
Tzigou.	20	Nan	10
Andentz	20	Hadjoua	10
Camaghiel	20	Gadinak	10
Sourpe Khatch de Khizan.	20	Baksar.	10
		Li	20
Di	60	Hudjuk	5
	373		648

District de Spaguerd :

NOMS DES VILLAGES	NOMBRE DES MAISONS	NOMS DES VILLAGES	NOMBRE DES MAISONS
Vérine-Huruk . .	40		313
Oghantz	20	Dachd	8
Sugar	20	Mad	10

Djandjouan . . .	50	Madadzmen . . .	20
Vérine-Godentz .	40	Douaghda	20
Nerkine-Godentz	10	Gran.	5
Nérpan	8	Souzantz.	20
Razentz	20	Arentchik	20
Louar	20	Nerkine-Hurouk.	20
Tagh.	15	Madranantz . . .	10
Givziss	10	Hay-Housp . . .	15
Dantziss	10	Gorith	15
Dousson	25	Pasd.	60
Talars	20	Sorik	25
Areskine.	5	Pertak.	10
	313		571

District de Mamerdank :

NOMS DES VILLAGES	NOMBRE DES MAISONS	NOMS DES VILLAGES	NOMBRE DES MAISONS
Ov.	25		162
Segh.	35	Mouth	13
Pargantz.	5	Guzentz	15
Abarank	20	Konia	7
Kenantz	18	Horoud	6
Havendank. . . .	12	Paramouss. . . .	12
Douantz	12	Haghouss	7
Mitchotz	15	Garna	10
Chenaghpur . . .	20	Baryontz.	12
	162		244

Récapitulation :

	NOMBRE DES VILLAGES	NOMBRE DES MAISONS
Khizan	31	648
Spaguerd.	20	571

Mamerdank . . .	17	244
Gargar.	20	477
	97	1.040

Dans ces districts, l'oppression continuelle du gouvernement et des beys kurdes avait déjà grandement réduit le nombre des Arméniens. Les derniers incidents qui équivalent à l'anéantissement, ont mis le comble à ces persécutions.

Liste des monastères pillés qu'on a dû complètement abandonner :

1. — Sourpe Khatch de Kamakhiel	dans le district de Khizan
2. — Le couvent de Paratzor . . .	dans le district de Khizan
3. — Sourpe Khatch de Khizan . .	dans le district de Khizan
4. — Sourpe Asdvadzadzine de Pakhine.	à Arapguir
5. — Le couvent de Dékhiss . . .	à Arapguir
6. — Sourpe Kévork de Chiranitz.	à Arapguir
7. — Le couvent de Sarva.	à Arapguir
8. — Sourpe Khatch d'Abaranitz.	dans le district de Mamerdantz
9. — Sourpe Khatch de Sekha . .	dans le district de Mamerdantz
10. — Le couvent de Déruchga. . .	dans le district de Mamerdantz
11. — Sourpe Asdvadzadzine de Khentzorod	dans le district de Gargar
12. — Le couvent de Simpad. . . .	dans le district de Gargar
13. — Sourpe Yérechkhavor de Tzegor	dans le district de Gargar

14. — Le couvent d'Orantz.	dans le district de Gardjgan
15. — Le couvent de Sorp	
16. — Le couvent de Merors. . . .	
17. — Le couvent de Guétronitz . .	
18. — Le couvent de Komotz. . . .	
19. — Le couvent de Sourpe Hagop	
20. — Le couvent de Sourpe Harou-tioun.	dans le district de Kavach
21. — Le couvent de Sourpe Thomas	
22. — Le couvent de Mokhraperth.	
23. — Le couvent de Loussabedoukh	
24. — Le couvent de Norkekh . . .	
25. — Le couvent de Sourpe Nichan	
26. — Le couvent de de Spidag . .	

Églises et monastères pillés du district de Hayotz-Tzor (Havoussor), qui se trouvent actuellement en état de ruines :

27. — Le couvent d'Ankekh.
28. — L'église de Khosb.
29. — Le couvent d'Orgou.
30. — Le couvent de Kak.
31. — L'église de Keseltach.
32. — L'église de Belténitz.
33. — L'église de Guekhzi.
34. — L'église d'Asdvatzachène.
35. — L'église de Guim.
36. — L'église d'Ichkhanikom.
37. — L'église de Krel.
38. — L'église d'Ichkhanikom.
39. — L'église d'Érémérik.

40. — Le couvent d'Erémérik.
41. — L'église d'Atanan.
42. — L'église de Kertza.
43. — L'église de Keuchega.
44. — L'église de Sourpe-Vartan.
45. — L'église de Tchérachèn.
46. — L'église de Marmed.
47. — L'église de Yégmala.
48. — L'église de Dzak-Dari.
49. — L'église d'Ammenchad.
50. — L'église d'Annavank.
51. — L'église d'Alur.
52. — L'église d'Aluri-Vank.
53. — L'église de Khavénitz.
54. — L'église d'Adnagan.
55. — L'église de Bayrak.
56. — L'église de Gassnène.
57. — L'église de Ternachène.
58. — L'église de Sethi-Béga.
59. — L'église de Khéno.
60. — L'église de Havchasorik.
61. — L'église de Donou.
62. — L'église de Godja-Hayotz.
63. — L'église d'Aghtchavéran.
64. — L'église d'Adiguzel.
65. — L'église de Koms.
66. — L'église de Pergorib.
67. — L'église de Sossrath.
68. — L'église de Kotchani.
69. — L'église de Chahguéldi.
70. — L'église d'Erern.
71. — Le couvent d'Etchmiadzin-Vank d'Erern.

72. — L'église d'Amgou.
73. — L'église de Khedjichgou.
74. — L'église d'Ardaveza.
75. — L'église d'Averak.
76. — L'église de Boganitz.
77. — L'église Bakhecth.
78. — L'église de Mekhner.
79. — L'église de Tchodnoghli.
80. — L'église de Fourouch.
81. — L'église de Nabath.
82. — L'église d'Erman.
83. — L'église de Sévan.
84. — L'église de Zorou.
85. — L'église de Lema.
86. — L'église de Daghvéran.
87. — L'église de Hazar.
88. — L'église de Tchakmakh.
89. — L'église de Boghazkessen.
90. — L'église de Mandan.
91. — L'église de Kharagantz.
92. — L'église de Zeren.
93. — L'église de Hurtuk.
94. — L'église de Kortolan.
95. — L'église de Krel.

Eglises pillées dans le district d'Ardjèche :

96. — L'église de Gurgun.
97. — L'église de Dzaydzag.
98. — L'église d'Artchan.
99. — L'église d'Armizan.
100. — L'église de Kantzak.

101. — L'église de Kinaper-Vank.
102. — L'église de Dilon.
103. — L'église de Banan.
104. — L'église de Pertagh.
105. — L'église de Madgha-Vank.
106. — L'église de Haroutioun.
107. — L'église de Haspainak.
108. — L'église de Medzovpa-Vank.

Églises et couvents pillés dans le district d'Aldjévaz :

109. — L'église de Kiachough.
110. — L'église de Véri-Sipan.
111. — L'église de Vari-Sipan.
112. — L'église d'Arén.
113. — L'église d'Arintchgouss.
114. — L'église de Gusel.
115. — L'église de Khoran.
116. — L'église d'Ardjira.
117. — L'église de Kara-Kéchiche.
118. — L'église de Vidjgatzerounk.
119. — L'église d'Aykétzor.
120. — L'église de Tziraklou.
121. — L'église de Pechenakamer.
122. — L'église d'Anouche-Aghpur.
123. — L'église de Norchentchougha.
124. — L'église de Pargath.
125. — L'église du couvent de Skantchélakordz.

Les églises et couvents de l'île de Guedoutz et de Lim ont aussi été complètement saccagés. Le gouvernement a également fait opérer des perquisitions dans le couvent de l'île d'Akhtamar, où des profanations ont été commises.

Dans tous les couvents et églises les pillages ont été accompagnés de toute sorte de profanations; les autels ont été démolis et les objets de culte et habits sacerdotaux emportés.

En plusieurs localités, les Kurdes mettant les habits sacerdotaux qu'ils avaient emportés, se sont livrés à des danses désordonnées, voulant ainsi ridiculiser les cérémonies religieuses des Arméniens.

AKHTAMAR

Lettre de Sa Béatitude le Catholicos Khatchadour d'Akhtamar. (1).

Akhtamar, 19 décembre 1895.

Vous connaissez, sans doute, les déplorables faits dont les populations chrétiennes de la Turquie d'Asie et, surtout, les enfants arméniens de l'église de N.-S. Jésus-Christ ont été victimes.

Des milliers d'innocents ont été massacrés avec les procédés les plus barbares, et les scènes les plus déchirantes des martyres des premiers siècles du christianisme se sont répétées presque partout.

Que ne possédons-nous la liste complète et détaillée de tous ceux qui, perdant la vie pour ne pas abjurer leur sainte foi, sont allés rejoindre dans le paradis les martyrs!

(1). Cette lettre-rapport a été rédigée trois jours avant la mort de Sa Béatitude le Catholicos.

Dans nos gémissements, nous nous serions prévalus de leurs noms pour implorer la miséricorde divine pour notre pauvre peuple, ou bien, en présentant cette liste aux grands peuples chrétiens de l'Europe, nos frères en Jésus-Christ, nous aurions voulu les attendrir sur le sort de nos nationaux et implorer leur protection. Mais, hélas! il est au-dessus des forces humaines de relater un à un tous les actes de férocité, tous les méfaits qui ont été commis; le malheureux peuple, sans armes et en état de parfaite soumission, a été massacré sans pitié; les villes et les campagnes ont subi la dévastation et souvent ont été la proie des incendies allumés par des mains criminelles.

Des ecclésiastiques ont été décapités et écorchés vifs, des gens du peuple de tout âge et de toute condition ont été livrés à toutes sortes de tortures avant d'être assassinés et ceux qui ont pu échapper au fer des bourreaux, ont dû se réfugier dans les cavernes et sur les pics des montagnes ou émigrer en pays étranger, en se sauvant au milieu de mille dangers. Des femmes et des jeunes filles ont été outragées; un grand nombre d'enfants ont été rendus orphelins; partout on a rencontré des parents cherchant, éplorés, les traces d'un fils ou d'une fille perdue; et comme si tous ces malheurs n'étaient pas assez, une famine des plus affreuses est venue mettre le comble aux souffrances des survivants, qui sont torturés par le manque de vivres, pendant qu'ils pleurent la perte de ceux qui leurs étaient chers, et de leurs biens.

Mais ce qui peut, par-dessus tout, faire saigner le cœur de tout croyant, ce sont les profanations de nos saintes églises et de nos couvents, le pillage des objets sacrés et les outrages dont la sainte religion chrétienne a été l'objet. Jamais dans le passé la nation arménienne n'avait eu de si grands malheurs à déplorer et nous pouvons ajouter qu'aucune nation chrétienne n'a été victime de procédés aussi cruels. En effet, quelle est la nation dont le clergé ait été forcé d'abjurer sa foi et de contracter même des liens matrimoniaux afin de prouver la soi-disante sincérité de la conversion? Et où a-t-on vu des milliers de chrétiens se trouver obligés à se convertir à l'islamisme pour échapper à un massacre certain et à se livrer à des actes immoraux de toutes sortes et même à des incestes, afin d'accomplir les lois de la religion qui leur a été imposée ?

La liste suivante, très incomplète d'ailleurs, montrera l'étendue des cruautés commises et des malheurs subis (1).

District de Spaguerd :

Dans ce district, les habitants de plusieurs villages ont été massacrés et la plupart des survivants ont dû embrasser l'islamisme. Les églises ont été démolies ou converties en mosquées. Tous les villages ont été pillés. En voici le détail :

NOMS DES VILLAGES	NOMBRE DES MAISONS	HABITANTS TUÉS
Sevkar	20	13
Djandjouan . . .	50	25
Godentz-intérieur	10	13
Nerpan	8	6

(1) Cette liste répète et complète celle de la lettre récédente.

Oghantz.	20	5	
Horoug	40	20	
Godentz-supérieur	40	7	
Paghentz	20	12	
Louar	20	5	
Tagh	15	5	
Kéghis	13	7	
Dantzis	10	4	
Sos	20	13	
Harguin	5	3	
Talars.	20	14	
Badrantz	14	6	
Housb.	15	8	
Horoug-intérieur	20	6	
Khout.	10	5	
Sory	25	5	
Paght.	60	50	(et brûlés.)
Soghantz	20	13	
Arentchik. . . .	20	12	
Douaghs	20	13	
Gueran	10	6	
Tacht	12	7	
Aad.	20	9	
Tzmen	16	8	

Le couvent de Sourpe-Asdvadzsdzine situé aux environs de Passen a été saccagé; le supérieur de ce couvent, l'archimandrite Garabed, a été de force converti à l'islamisme et on lui a donné deux épouses. Le couvent de Sourpe-Guiragoss situé à Keghsou a été aussi pillé, et les assaillants ont tué son gérant, le nommé Boghoss Hatchadourian. On a dévasté et démoli le couvent de Sourpe Asdvadzadzine de Sorf et pillé également le couvent de Sgavarag. Trois personnes de celles qui s'y trouvaient ont été tuées. L'abbé Ohannès, supérieur de ce couvent, a été obligé d'embrasser l'islamisme et d'épouser deux femmes.

Ces crimes ont été commis par les hordes se trouvant sous le commandement des chefs dont les noms suivent :

1. Mahmé, du village d'Agha.
2. Molla Kassem, du village de Safou.
3. Avdi Bey, du village de Past.
4. Hassan, du village d'Eghevtchan.
5. Moustapha » »
6. Essad » »

7. Cheikh-Mouss » »
8. Charo, originaire de Gabars.
9. Djevher, originaire de Gabars.

(Ce Djevher a attaché deux frères avec des cordes, les a cloués à terre en les perçant avec des pals et les a ainsi tués.)

10. Ali Cher.
11. Mahass, originaire du village de Ketch.
12. Ahmed, originaire du village de Gabars.

District de Khizan :

Dans les trente villages du district de Khizan, quatre cents Arméniens ont été massacrés par les hordes que commandaient les chefs :

1. Seid Ali, fils du Cheikh Djélaleddin.
2. Adé, originaire de Khorors.
3. Béchir.
4. Moustapha Bey.
5. Mradi.
6. Halil, Faki de Harita.
7. Halit.
8. Cham.

Les survivants de ces massacres ont été forcés à embrasser l'islamisme en même temps que les desservants de leurs églises dont une partie a été démolie et une autre convertie en mosquée. Tous les couvents de ce district ont été saccagés et profanés.

L'abbé Sahag, supérieur du couvent de Sourpe Khatch, a été éventré et son corps empaillé.

District de Mamerdank :

Dans les vingt villages de ce district, 160 Arméniens ont été massacrés avec les procédés les plus barbares. La plus grande partie des survivants ont dû embrasser l'islamisme.

Les couvents et les églises ont été pillés, démolis ou convertis en mosquées.

District de Gargar-supérieur :

NOMS DES VILLAGES SACCAGÉS	NOMBRE DES MAISONS	HABITANTS TUÉS
1. Arghou . . .	12	2
2. Patzou. . . .	45	6
3. Yéghékiss. .	60	12

(Deux des douze personnes tuées dans le village de Yéghékiss étaient des prêtres.)

4. Pergri	13	4
5. Alèss	8	2

(Le desservant de l'église du village d'Aless a été aussi de force converti à l'islamisme.)

6. Khentzoroud.	25	9
7. Harbantz. . .	32	8
8. Hugurtzu . .	18	14
9. Tzega	13	4

(On a crevé les yeux à l'abbé Serkiss, supérieur du couvent de ce village et on l'a assassiné.)

10. Voriz. . . .	22	4

District de Gargar-inférieur :

NOMS DES VILLAGES SACCAGÉS	NOMBRE DES MAISONS	HABITANTS TUÉS
1. Sembon. . .	18	1
2. Tzakhogh . .	6	Les habitants ont été convertis de force à l'islam.
3. Dzogou . . .	32	
4. Dap.	7	1
5. Khrokhtentz	27	1

6.	Motchgantz.	14	Les habitants ont subi le pillage.
7.	Mulk....	5	
8.	Guidji....	12	»
9.	Arguentz..	13	»
10.	Haght....	30	5

Parmi les personnes massacrées dans les dépendances de ce district se trouvaient trois prêtres. Les couvents et les églises du district ont été incendiés ou démolis. Les auteurs de ces méfaits étaient Ali, fils du Cheikh Djélaleddin et ses acolytes.

District d'Adildjévas :

1.	Paykhener..	60	toutes pillées.
2.	Nareg....	100	»
3.	Sari-supérieur	13	»
4.	Chadouan..	20	»
5.	Kantzag...	30	»
6.	Varentz...	18	»
7.	Pachavank..	50	»
8.	Hiritch....	20	1
9.	Badagentz..	6	3 (dont un prêtre.)
10.	Dechokh...	40	3
11.	Atrnan....	55	1
12.	Garmera Vank	»	1

Le couvent de Sourpe-Hagop, situé dans ce district a été entièrement saccagé. Les auteurs des atrocités commises dans ce district étaient le célèbre chef Kurde Kolikhan Bey, Devrich Bey, Mollah-Ibrahim, originaire de Sari-intérieur, Abdulhamid et Abdulghaffour, gendarmes, etc.

District de Pasantachd :

1. Haghazegh. .	30	(entièrement pillées.)
2. Chidan. . . .	60	1
3. Aregh	25	»
4. Gaynamiran .	15	»
5. Komer. . . .	16	»
6. Darentz . . .	10	»
7. Nar	25	»

Le couvent de Cara-Déré, situé dans ce district, a été complètement saccagé et pillé.

Les auteurs des méfaits commis dans le district de Pessantacht étaient le malfaiteur Dhakir et plusieurs chefs Kurdes, qui tous ont agi par l'instigation de Zabit Bey, caïmacam du district.

District de Chadakh :

Tous les villages situés dans le district de Chadakh, à l'exception du chef-lieu du district, ont été pillés par les hordes se trouvant sous le commandement des chefs kurdes Chakir, Mehmed et Kourd-bey.

Le même Chakir a saccagé avec ses hordes les villages et dépendances du district de Nordouz où l'on craint actuellement la conversion forcée des habitants à l'islamisme.

District de Havoussor :

NOMS DES VILLAGES	NOMBRE DES MAISONS	HABITANTS TUÉS
1. Hargantz . . .	30	»
2. Khorkom . . .	40	»
3. Kochek	30	»
4. Ichkhanikom .	40	»
5. Margas	20	»
6. Bltentz	30	»
7. Kerdz.	80	2
8. Machcclag . .	30	»
9. Mulk	5	»

10.	Ankegh....	60	»
11.	Hem	100	»
12.	Kesel Tach ..	20	»
13.	Hosb	25	»
14.	Begenguerd. .	10	»
15.	Guegzi	30	5
16.	Votchkharantz	4	»
17.	Asdvadzacènch	30	1
18.	Aradentz ...	35	»
19.	Ermérou ...	70	2
20.	Anguechedantz	60	»
21.	Khek	25	»
22.	Hendesdan ..	25	»
23.	Hartuk	10	4
24.	Aregh.....	15	»
25.	Doni	30	»

Monastères situés dans le même district, qui ont été saccagés :

1. Le monastère de Sourpe-Nichan-Tcharahan.
2. Le monastère de Sourpe-Asdvadzadzine-de-Spidag.
3. Le monastère d'Ankekh.
4. Le monastère de Serekh.

5. Le monastère de Sourpe-Asdvadzad-zine-d'Erémer.

6. Le monastère de Sourpe-Kévork-de-Khek.

En dehors des cas d'assassinat commis dans le district de Havoussor et qui ont été relatés ci-dessus, toutes sortes d'atrocités ont été commises par les hordes obéissant aux ordres des chefs Chakir, Teyfour, ainsi que par les kurdes originaires de Vosdan et d'Ardamerd; le pillage a été général et les couvents mêmes n'ont pu y échapper.

Le village de Sourpe-Vartan, dépendant du même district, a été particulièrement éprouvé; un pillage sans merci a livré tous ses habitants à un dénûment complet; les villages d'Ardamerd, de Dzouesdan, de Pertag et de Guentanantz ont aussi eu leurs parts dans les malheurs subis.

District de Gardjgan :

NOMS DES VILLAGES	NOMBRE DES MAISONS	HABITANTS TUÉS
1. Bachouatsk	25	6 (disparus.)
2. Kintzorguin	30	4 »
3. Dzapor. . .	18	1 femme enlev.

4. Gavravanik.	15	1
5. Ourounz . .	10	(converties de force à l'islamisme.)
6. Kharzit. . .	31	1
7. Sorp. . . .	62	2
8. Oghvantz .	60	»
9. Vanig . . .	35	»
10. Guintrantz.	35	»
11. Rigantz . .	10	(converties de force à l'islamisme.)
12. Yaghokhss.	90	»
13. Komes. . .	40	»
14. Mrors . . .	10	1 femme enlev.
15. Gandon. . .	15	3
16. Prkhous . .	20	3
17. Sout. . . .	60	»
18. Sedous. . .	14	»
19. Inhan . . .	12	2 femmes enlev.
20. Ourantz . .	110	1
21. Gandjars. .	20	»
22. Choums . .	35	»
23. Garp. . . .	25	»
24. Sembon (le desservant de l'église de ce village a été conv. à l'is')		
25. Nanigantz .	15	»
26. Ourendouss	25	»
27. Arantzkugh	25	»

Monastères situés dans ce district qui ont été saccagés :

1. Sourpe-Asdvadzadzine-d'Ouran.
2. Sourpe-Tovmass-de-Merors.
3. Sourpe-Kévork-de Komotz.
4. Le monastère de Guentronitz.
5. Sourpe-Garabet-de-Sorp.
6. Sourpe-Asdvadzadzine de Smpadachène.

Le pillage a été général dans le district de Gardjgan; des meurtres ont été commis avec les procédés les plus barbares; notamment, l'archimandrite Bedross, supérieur du couvent Sourpe-Garabet-de-Sorpe, a été dépecé par chaque articulation; on lui a coupé la langue, on ne l'a achevé qu'après lui avoir fait subir les plus atroces tortures.

Les auteurs des méfaits et atrocités commis dans ce district étaient :

1. Moussa Bey.
2. Eumer Agha, chef kurde de Pacha.
3. Nadin.
4. Cassim.
5. Tajdo.

6. Yakoub.
7. Kélacho.
8. Youssouf.
9. Le fils du chef kurde Ali Agha.
10. Avdo.
11. Halido.
12. Ado, et leurs acolytes.

Les villages du district de Moks ont été également saccagés et pillés; il en a été de même des villages populeux d'Ozimo et de Deh, dans lesquels les aghas kurdes des environs ont commis les méfaits les plus inimaginables.

Les détails nous manquent relativement aux atrocités commises dans les districts de Bohdan et aux environs; mais tant dans ces districts que dans toutes les dépendances du vilayet et les provinces environnantes, aucune ville, aucun village n'a échappé à ces malheurs; les quelques renseignements relatés dans ce rapport, ont été fournis par les fuyards, qui racontaient les atrocités commises avec des larmes aux yeux.

Chaque jour le couvent historique d'Akhtamar, notre siège pastoral, est envahi par des milliers de malheureux, nus, souffrant de faim et de misère, et se trouvant encore sous la domination d'une frayeur indescriptible, par suite des scènes de sauvagerie dont ils avaient été témoins. En présence de l'immensité des désastres commis, et malgré toute notre bonne volonté, nous nous trouvons souvent impuissants à soulager les souffrances de ceux qui s'adressent à nous.

Vieux pasteur de ce troupeau sans maître, nous adressons d'ardentes prières à N. S. Jésus-Christ de vouloir bien, dans son immense pitié, tourner son regard rédempteur vers cette malheureuse nation et, faisant compatir sur son sort les puissants de cette terre, la sauver de cette tuerie sans nom et des atrocités auxquelles elle se trouve livrée, à la grande honte de la civilisation de ce siècle.

Arrivé juste au seuil du tombeau, nous confions ce peuple martyr à la miséricorde de Dieu le Très-Haut, pour qu'il veuille bien, après ce Calvaire, le conduire à une vie tranquille et heureuse, afin qu'il puisse librement adorer son Dieu et jouir des bienfaits que la providence divine a prodigués sur cette terre.

———

KHARPOUTH

Kharpouth, 14 décembre 1895.

Les terribles événements dont Kharpouth et ses environs ont été le théâtre, sont les conséquences d'un ordre venu de haut lieu qui a été mis en exécution, avec des procédés machiavéliques, par le gouverneur général ad intérim, Moustapha Pacha, et le commandant militaire, Raghib Pacha.

Dès le mois d'août, Raghib Pacha a réconcilié les aghas et beys kurdes des villages et tribus environnants afin de pouvoir compter sur l'aide de tous lors des massacres projetés. Ces réconciliations ont eu lieu pendant la tournée que Raghib Pacha et Moustapha Pacha ont faite dans les villages et les campements des tribus. On a relâché ceux des chefs de tribu et des notables kurdes qui, pour diverses causes, se trouvaient en prison. Toutes ces personnes ont reçu des instructions relativement à l'exécution des massacres.

Quelques jours après ces réconciliations et le relâchement des prisonniers, une distribution générale de fusils Martini a été faite aux Kurdes; les armes distribuées étaient retirées du dépôt militaire. Faisant changer de garnison aux soldats qui se trouvaient à Kharpouth, on les a envoyés à Arapguir et réciproquement; de cette manière les auteurs des massacres devenaient des inconnus dans ces deux importantes localités.

Les rédifs ont été appelés sous les armes afin, disait-on, de protéger les Arméniens; or, une grande partie de ces rédifs ont été habillés nuitamment en paysans et envoyés dans les villages pour y commettre toutes sortes de déprédations; par contre, on a habillé les paysans en soldats, et on leur a donné l'ordre d'attaquer et de massacrer les Arméniens.

Les massacres ont commencé dans le

villayet de Mamouret-Ul-Aziz par l'attaque du village de Portag (district de Tcharsandjak); ce massacre a eu lieu vers le 10 octobre; les habitants de Portag, connaissant les intentions des Kurdes, se sont bravement défendus et ont obligé les assaillants à se retirer; ce sont les gendarmes qui, promettant aux Arméniens de les défendre s'ils ouvraient les portes de leurs maisons et les y recevaient, les ont jetés dans un guet-apens; les Arméniens ont eu le tort de croire à la parole des représentants de la force publique qui, aussitôt entrés dans les maisons, ont donné à la horde l'ordre de l'attaque; c'est à la suite de ces circonstances que le massacre et le pillage ont été exécutés avec les procédés les plus barbares; non content de tuer et de piller, on a aussi mis le feu à plusieurs habitations; et ceux des habitants, qui avaient échappé au massacre, ont été de force convertis à l'islamisme.

Les habitants arméniens du village de Tel, voyant l'attaque subie par le village de Portag, ont délégué à la hâte quelques-uns des leurs à Mezraa, afin de renseigner les autorités provinciales; mais cette démarche, ainsi que celle du métropolitain arménien, n'ont eu aucun résultat, par suite de la conduite insouciante du gouvernement, qui a prouvé sa complicité en se contentant de promesses mensongères.

Dans la soirée de cette même journée, les Kurdes ont opéré une nouvelle attaque sur Pertag et les villages de Kouzou-Ova, tels que Harsek, Tchorkugh, Korpé, Dzarouk, Beghmichine, Kulakugh, etc; partout on a blessé et en partie massacré la population, dont le reste a été de force converti à l'islamisme; on a incendié les maisons et autres bâtiments, on a égorgé et dépecé les prêtres et les professeurs des écoles; on a profané les églises; et, en un mot, réduit en ruines tout le pays.

Le Chef Suleyman Bey et son frère, déjà célèbres par leur cruauté envers les chrétiens, se sont encore distingués par leur atrocité lors de la perpétration de ces crimes; on assure qu'ils immolaient comme des moutons les Arméniens qui leur tombaient entre les mains. D'après des renseignements de source véridique, ils auraient tué ou fait tuer à eux seuls plus de 300 Arméniens.

Tandis que d'un côté Portag et ses environs étaient le théâtre de ces atrocités, d'un autre côté, des hordes s'avançaient vers Oul-Ova et commettaient sur le parcours s'étendant d'Itchmé à Oul-Ova des crimes non moins atroces; ainsi, à Itchmé huit jours après le massacre et les pillages, pendant lesquels on avait épargné la vie à quarante notables en leur permettant de se réfugier à l'Église, un cheikh revint sur la question et, blâmant la modération avec laquelle on avait agi envers ces quarante Arméniens, leur propose de se convertir à l'islamisme; les Arméniens refusent; le cheikh les fait alors égorger un à un sur le seuil de l'Église et oblige le bedeau de l'Église et un autre Arménien, auxquels il avait ordonné d'être spectateurs de cette tuerie, a transporter les cadavres des victimes vers le fleuve, en les tirant par une corde attachée à leurs pieds. Le cheikh expliquait cette dernière mesure par le prétexte « qu'il ne voulait pas toucher ces chiens de Ghiaours, afin de ne pas se souiller à leur contact ».

Ce seul acte suffit pour se former une idée des procédés féroces avec lesquels les hordes ont commis ici les désordres.

A Boussou, les habitants ont réussi à se défendre pendant trois jours contre les attaques des hordes qu'ils ont pu garder à distance; mais les soldats réguliers sont arrivés vite au secours des assaillants et, pénétrant avec eux dans le village, se sont mis à massacrer les habitants.

Les Arméniens se sont réfugiés dans l'Église, leur seul refuge; mais les assaillants, après avoir formé un cordon autour de celle-ci afin que personne ne puisse échapper, y ont mis le feu; une partie des réfugiés est devenue la proie des flammes, tandis qu'une seconde partie, tentant de s'enfuir, a perdu la vie par le fer des assaillants; le reste a été, enfin, converti de force à l'islamisme. Les jeunes femmes et les vierges, enlevées, ont subi les derniers outrages, et ont été mariées de force à des Turcs.

A Dzovk, la population, renseignée sur les méfaits qui étaient commis aux environs, s'éloigna du village. Les assaillants n'y trouvant personne lors de leur arrivée, ont emporté le butin qu'ils ont pu faire et ont mis le feu à quelques habitations; quinze jours après, sur les assurances données par le gouvernement, les paysans sont retournés à Dzovk; mais, aussitôt entrés dans le village, ils ont essuyé une nouvelle attaque, pendant laquelle un terrible massacre et des pillages ont eu lieu.

A Khoukhouli, les habitants avaient espéré pouvoir se défendre contre une horde même de 2.000 personnes, mais ils n'avaient pas compté avec les armes de guerre et les munitions en quantité, fournies à la horde.

Devant l'attaque féroce dont ils ont été l'objet, on ne pouvait faire rien autre que de s'enfuir. Les assaillants ont complètement mis à sac le village et l'ont réduit en ruines. Le commandant militaire qui se trouvait à leur tête, a fait venir plusieurs bidons de pétrole et a incendié les villages de Khoukhouli, de Komk et de Tadem. Le desservant de l'Église de Khoukhouli a été brûlé vif, tandis que celui de l'Église de Tadem était assassiné et dépecé.

Dans cette dernière localité, le tyran Hadji Bégo s'est distingué par une cruauté sans bornes; il a fait couper en quatre une femme et a fait exposer les différents morceaux de son cadavre pendus à des poteaux; sur l'ordre de ce tyran, une autre femme a été complètement dépouillée de ses vêtements et promenée nue dans le village. On raconte que ce tyran a tué, de sa propre main, cent personnes environ. Le village a été complètement pillé et les assaillants ont enlevé jusqu'aux charpentes ayant servi à la construction des maisons, les serrures des portes, etc.

Dans le couvent de Tadem, l'Arménien Boghoss Effendi, originaire de Perdjintch, a été assassiné et son corps mis en d'innombrables morceaux.

On a proposé à l'archimandrite Ohannès du couvent de Partzrahayatz d'abjurer sa foi; celui-ci a demandé un délai de deux heures pour répondre; ce délai obtenu, le saint homme s'est mis à prier Dieu en pleurant à chaudes larmes; à la vue de la conduite de l'archimandrite, les assaillants n'ont plus attendu la fin du délai, et se sont mis à dépecer le corps du pauvre vieillard en commençant par la main et en coupant chaque articulation ; arrivés ainsi aux coudes, ils lui ont de nouveau proposé d'embrasser l'islamisme ; l'archimandrite a répondu avec calme : « Je crois en Dieu le Père, en Jésus Christ le Fils, et au Saint-Esprit. » Devant cette réponse, la cruauté des hordes n'a plus de bornes ; on amène l'Archimandrite devant le seuil de l'Église et on l'y achève, en l'égorgeant. De plus, le couvent, après avoir subi le pillage, a été incendié. De pareils faits de pillages et d'incendie se sont répétés presque dans tous les autres couvents.

A Kessérik, deux jours avant le massacre, les habitants turcs du village, prétextant qu'on avait gardé de la dynamite dans la maison du nommé Yaghdjian, se réunissent trois cents personnes environ, et entourent la maison. Les membres de la famille Yaghdjian et la population arménienne de Kessérik, croyant que cette attaque venait de la seule initiative de la populace, se défendent énergiquement.

Les Turcs s'empressent alors de renseigner

les autorités provinciales, qui y expédient des soldats et délèguent aussi l'Arménien Kévork Djaferian, avec la mission de faire déposer aux Arméniens leurs armes comme signe de leur soumission au gouvernement. Les Arméniens, confiant dans la parole des autorités, remettent leurs armes ; mais aussitôt que les soldats, emportant les armes, se retirent du village, une attaque des plus féroces a lieu.

Il est impossible de raconter un à un tous les actes de férocité qui ont été commis dans ce village, lors de l'attaque. On a versé du pétrole sur la barbe du sieur Mardiross, photographe, et y mettant le feu on l'a brûlé vif ; sa femme a été assassinée. Un boulanger turc déclare avoir tué 97 Arméniens et se vante de s'être promis d'en tuer encore trois autres afin de parfaire le chiffre de cent. Cet homme commettait ces meurtres en torturant cruellement les victimes, dont il coupait préalablement le nez, les oreilles, etc.

L'un des deux desservants de l'église arménienne a été aussi brûlé vif, et l'autre, converti de force à l'islamisme et coiffé du turban.

Ceux des habitants qui voulaient fuir ces atrocités, étaient assassinés par les soldats se trouvant aux alentours.

Les ordres émanant de haut lieu et commandant de massacrer les Arméniens et de piller leurs biens ont été, ainsi, scrupuleusement exécutés.

A Husséyinik, les autorités locales et les chefs kurdes ont proposé aux Arméniens de remettre aux autorités leurs armes, afin de prouver leur soumission ; les Arméniens ont répondu à ces propositions par la demande d'assurances pour la sécurité de leurs personnes et de leurs biens, les fonctionnaires du gouvernement et les beys et notables kurdes ont convaincu les Arméniens par des serments au nom du Prophète et au nom de leur « Nikiahs », que jamais on ne toucherait à eux ; les Arméniens ont alors remis la plus grande partie des armes qu'ils possédaient ; après cette remise, les Turcs et Kurdes ont fait descendre du clocher de l'église arménienne la cloche qui s'y trouvait, l'ont roulée jusqu'au bord du fleuve et l'ont jetée dans l'eau. Ils déclaraient vouloir juger par l'attitude que les Arméniens prendraient devant ce procédé, s'ils se trouvaient réellement en état de soumission ou s'ils protesteraient contre une légère infraction à leurs prérogatives.

Les Arméniens, qui désiraient par une conduite intelligente prévenir le danger menaçant, ont répondu à toutes ces tentatives par un calme parfait.

Néanmoins, un régiment de soldats réguliers est venu le lendemain assiéger Husséyinik, dont le fort a été occupé par un détachement; le signal du massacre a été donné par une sonnerie de clairons. Et les Turcs et les Kurdes se sont mis ensemble à tuer les chrétiens; huit cents personnes ont été assassinées dans un très court laps de temps; on a égorgé comme des moutons les Arméniens Krikor Kherkerdjian et Dikran Nahikian; l'un des desservants de l'église Arménienne, Der-Vahram, a été tué en même temps que dix personnes se trouvant chez lui; l'Arménien Haroutioun, ayant par un coup de fusil tué le Turc qui avait sonné le signal du massacre, a été l'objet d'une adversité toute particulière; on l'a tué ainsi que tous les membres de sa nombreuse famille; un enfant en bas âge a seul échappé à l'épée des assassins.

Nous devons ajouter que les soldats se trouvant dans le fort ont tué tous ceux qui tentaient d'échapper au massacre en fuyant vers Mezraa; d'autre part, ceux qui avaient couru vers les montagnes y étaient égorgés par les Kurdes. Le prêtre Der-Ohannès ayant répondu par le signe de la croix à l'invitation qui lui était faite d'abjurer sa foi et de prononcer le credo musulman, a été assassiné et dépecé.

Le pauvre prêtre a expiré en répétant les paroles de l'Évangile: « Père! pardonne-leur; ils ne savent pas ce qu'ils font. »

Le soir, les assaillants ont conduit les femmes et jeunes filles arméniennes au dépôt militaire et six cents soldats environ ont assouvi leurs passions immondes sur elles; après quoi, les pauvres victimes de ces viols ont été massacrées.

Le fait que les Arméniens n'ont opposé aucune résistance à toutes ces barbaries, ne doit pas causer le moindre étonnement ; les Turcs menaçaient Husséyinik avec deux canons ; en outre, ils en avaient porté deux vers Kharpouth et deux autres vers Mezraa

Comme les communications entre les différentes villes et villages étaient entièrement interrompues, on était sans nouvelles à Kharpouth de ce qui se passait à Husséyinik ou à Mezraa. Dans cette ville (Kharpouth) les désordres ont commencé après les tristes événements de Pertag, de Husséyinik etc. On a commencé par piller les habitations arméniennes situées dans les quartiers turcs et aux extrémités de la ville ; le lendemain des massacres, un pillage général a eu lieu dans le quartier arménien ; en même temps, on a tiré des coups de canon sur les bâtisses appartenant aux missionnaires américains qui ont pris feu et ont brûlé. On a, de même, réduit en ruines par des coups de canon, l'église et l'école arméniennes.

Le nombre des victimes du massacre monte à cent environ et celui des blessés à 200.

Beaucoup d'Arméniens s'étaient réfugiés dans la bâtisse en pierre appartenant aux missionnaires et servant de collège. Les Turcs ont pressé ceux-ci de ne pas donner asile à ces réfugiés, mais les missionnaires, acceptant toutes les conséquences éventuelles d'un refus, ont continué à couvrir les réfugiés de leur protection. Toutes les maisons du quartier supérieur de la ville ont été la proie des flammes. Le soir, plus de 500 femmes et jeunes filles ont été conduites dans le Han dit Boynik-Oghlou, où on leur a donné asile.

On a proposé au prêtre Der-Hagop, l'un des desservants de l'Église arménienne de Kharpouth, d'abjurer sa foi ; celui-ci a répondu qu'il croyait en Dieu et en tous ses Prophètes ; mais cette réponse évasive n'a pas contenté les Turcs ; cinquante soldats ont mis leurs épées au clair et, déshabillant le prêtre, ont appuyé les bouts de leurs épées sur sa poitrine, insistant dans leur intention de lui faire abjurer la religion chrétienne ; à cette menace, le prêtre a perdu la raison et a commencé à proférer des paroles incohérentes avec des mouvements qui ne laissaient aucun doute sur l'état de ses facultés mentales ; les Turcs l'ont alors envoyé à la prison, disant que la religion musulmane n'admettait pas la conversion d'un fou et se promettant de lui faire réciter le « credo » musulman le lendemain, quand il aurait repris ses sens. Le pauvre prêtre se trouve au cachot depuis ce jour.

Des massacres et des pillages ont eu également lieu dans le quartier Sinamoud, où dix-neuf personnes ont été tuées et quarante blessées. Dans le quartier des Syriens vingt personnes ont été également massacrées et vingt autres blessées. Dans ce quartier, les Syriens s'étaient réfugiés dans leur église de la Sainte-Vierge ; lors de l'attaque du quartier, ils ont prié les assaillants de leur faire grâce, d'autant plus, disaient-ils qu'ils n'étaient pas des Arméniens, mais des Syriens.

Cette distinction n'a eu aucun effet sur la conduite des assaillants qui ont dit ne mettre aucune différence entre les différentes nationalités chrétiennes et, entrant dans l'église, l'ont pillée et profanée ; ils ont tué le desservant de cette église sur son refus d'abjurer sa foi, et ont emmené avec eux celles des femmes et jeunes filles réfugiées, dont la beauté leur a plu.

Dans les quartiers de Sourpe-Garabed et de Sourpe Stépannos, la population arménienne a réussi à sauver sa vie, en déclarant embrasser la religion musulmane. Pourtant les maisons de quelques notables arméniens ont été pillées, ainsi que l'église arménienne de Sourpe Stépannos, que les Turcs ont manifesté l'intention de transformer en mosquée. L'église de Sourpe-Garabed a eu le même sort. Plusieurs Arméniens ont aussi été assassinés dans ce quartier.

En terminant cette lettre, je dois constater la grande responsabilité qui incombe du fait de ces désordres aux autorités provinciales. Les Arméniens ayant pressenti le danger qui se préparait quinze jours avant son explosion, avaient fermé leur boutiques et s'étaient retirés dans leurs maisons ; c'est en les rassurant par mille serments, que les fonctionnaires du gouvernement et les cheikhs les ont convaincus de rouvrir leurs boutiques; les missionnaires américains, avaient, de même, fait des démarches auprès de Moustapha Pacha, gouverneur général ad interim, et celui-ci leur avait donné par serment les mêmes assurances; on a su plus tard qu'on avait voulu ainsi dissiper les craintes des Arméniens, afin que ceux-ci ne se déterminent pas à cacher leurs marchandises et autres richesses.

Moustapha Pacha, afin de justifier préalablement les désordres par un faux prétexte, a fait habiller plusieurs gendarmes kurdes en paysans et invitant les métropolitains arménien et arméno-catholiques et deux notables arméniens auprès de lui, a fait dire en leur présence à ces Kurdes que les Arméniens, ayant empêché les paysans kurdes de transporter du bois et du charbon pour vendre à la ville, ceux-ci avaient décidé de les attaquer et de les massacrer.

Le métropolitain arménien a, en vain, par une attitude ferme, protesté contre ces machinations, les autorités n'ont rien changé de leur programme.

Il en a été de même des efforts de l'honorable M. Barnum, missionnaire américain, qui a offert jusqu'à 5,000 L. T. pour sauver les habitants de Kharpouth, de Husséyinik et de Mezraa ; rien n'a pu prévenir ces terribles événements.

ARAPGUIR

Arapguir, 26 décembre 1895.

Mon cher ami,

Je vais vous décrire le terrible malheur qui nous est arrivé.

Dès le 1er septembre, des troubles avaient commencé dans notre ville. Les autorités locales, au lieu de calmer le désordre naissant, étaient tout occupées aux préparatifs du massacre. A Malatia, à Kharpouth, à Tchmichgadsak, à Aghdjadagh, la police elle-même avait distribué des armes aux Kurdes et aux Turcs; dans notre ville et aux environs, on avait même armé les Turcs de fusils Martini; de sorte qu'avant les jours du massacre, les Turcs, depuis les vieillards jusqu'aux enfants de onze ans, étaient tous armés.

En dehors de la ville, des bandes de Turcs attaquaient déjà les Arméniens sur les routes, les pillaient et les assommaient de coups. Il devint impossible pour les Arméniens d'aller d'un quartier à l'autre. Le métropolitain de notre ville envoya des gens au vali de Kharpouth pour demander sa protection contre le danger qui menaçait les Arméniens; le vali répondit par des mots rassurants; il disait qu'il avait déjà donné l'ordre de calmer les troubles. Il les calma fort bien. Il fit lui-même de notre ville un tas de cendres, remplit nos vallées de cadavres, baigna le sol de notre sang.

Les troubles allèrent en grandissant. Les Arméniens fermèrent leurs magasins et leurs boutiques, s'adressèrent au gouvernement local et le prièrent de conjurer le malheur qui les attendait, ils furent brutalement grondés et on les força de rouvrir leurs boutiques.

Le 25 octobre, mercredi, on manda le métropolitain et on lui dit de donner l'ordre aux Arméniens de livrer toutes leurs armes.
— Mais les Turcs, répondit le métropolitain,

sont tous armés; c'est à eux de commencer à livrer les armes... — Cela ne vous regarde pas, dirent les hommes du gouvernement, les Turcs ont le droit de porter des armes, et vous, vous ne l'avez pas; faites ce qu'on vous ordonne, sinon c'est la mort qui vous attend...» On était encore en train de régler ces lâches préparatifs, lorsque mercredi, à une heure de l'après-midi, au moment où la police engageait les Arméniens à livrer leurs armes, on entendit tout à coup des coups de fusil, et de plusieurs endroits des incendies éclatèrent; la ville était assiégée.

Ce matin-là, ils avaient déjà attaqué le village d'Ambaga, près de notre ville, ils avaient brûlé les maisons et massacré toute la population; maintenant, ils se ruaient sur notre ville elle-même. Ils commencèrent par le quartier de Chahrogh; personne des nôtres ne pouvait plus sortir des maisons; le peuple, les réguliers et les rédifs, tous ensemble, s'étaient en foule entassés dans les rues. Le massacre commença.

Deux jours avant, des crieurs s'étaient promenés dans tous les villages d'Arapguir en disant en pleine rue : « Tous ceux qui sont enfants de Mahomet doivent à présent remplir leur devoir qui est de tuer tous les Arméniens, et de piller et brûler leurs maisons; pas un seul Arménien ne doit être épargné; c'est *l'ordre du palais*. Ceux qui n'obéiront pas, seront considérés comme Arméniens et tués comme eux. » On voit que le vrai coupable, c'était le gouvernement qui donna cet ordre monstrueux.

On avait même précisé les détails de l'exécution; pour mieux faire son devoir, chaque Turc devait commencer par tuer ses propres amis arméniens. Le peuple exécuta horriblement bien l'ordre du gouvernement; On commença à tuer, à brûler. Les Arméniens, effrayés, quittèrent les maisons, s'enfuirent dans les champs, sur les montagnes. La plupart furent surpris en chemin par les Turcs et trouvèrent une mort affreuse. On jeta les uns dans le feu ; on pendit les autres tête en bas comme des moutons et on les écorcha ; quelques-uns furent mis en morceaux à la hache ou à la faucille; on en arrosa d'autres avec du pétrole et puis on les brûla, et il y en eut qu'on étendit sur ceux qu'on avait allumés au pétrole, pour que la fumée les suffoquât; on en enterra plusieurs tout vifs; un grand nombre furent décapités, et on hissa les têtes au bout de longues perches. On en attacha avec des cordes des cinquantaines ensemble, on les fusilla, et puis on les dépeça avec des haches et des sabres. On arracha les seins aux femmes et on les écartela, on leur sema de la poudre sur les cheveux et puis on y mit le feu; on éventra les femmes enceintes et l'on retira de leurs entrailles les fœtus qu'on tua.

Dans chaque quartier, les Arméniens allèrent demander refuge et protection aux notables turcs; ils ne trouvèrent que leur perte; eux-mêmes, de leurs propres mains, tuèrent les suppliants. Ils nous prirent nos biens, ils égorgèrent la plupart des nôtres, ils brulèrent nos maisons, ils souillèrent nos filles et nos femmes, ils forcèrent un grand nombre de nous à se convertir à l'islamisme et tuèrent ceux qui s'y refusèrent. Ceux qui purent s'échapper et se cacher sont arrêtés et gémissent en prison, tout nus et affamés; le métropolitain lui-même est en prison; et maintenant, après tout cela, ils forcent ces pauvres prisonniers à signer une pétition déclarant que les provocateurs des troubles furent les Arméniens !

Les survivants se trouvent dans un état lamentable. Les hommes sont pour la plupart blessés ou se meurent lentement dans les prisons ; il ne reste plus que des vieux, des enfants et des femmes. Tout le monde manque de pain et de vêtements. La misère est indescriptible. C'en est fait d'Arapguir !

Parmi ceux qui exécutèrent le massacre, se trouvaient les 1.600 soldats réguliers et rédifs de notre ville, 5.000 Kurdes conduits par le chef Battal, fils de Tchiblak, tous les Kurdes et Turcs des villages musulmans d'Agdjadagh jusqu'à Tchmichgadsak, 1.500 Kurdes conduits par le chef Diabaga, Les Kurdes et Turcs de 61 villages musulmans d'Arghavoun. Les Kurdes ne tuèrent pas autant que les Turcs ; ils préférèrent le pillage au meurtre ; ce sont les Turcs qui, sans cesser de piller, se délectèrent en même temps du féroce plaisir de tuer et de torturer. Maintenant, Kurdes et Turcs se querellent entre eux en se reprochant les uns aux autres de ne pas avoir scrupuleusement exécuté l'ordre du Sultan, qui était de tuer tous les Arméniens au-dessus de sept ans; c'est la faim du butin qui fut cause de cette mauvaise exécution.

Quant à nous autres, nous sommes encore en danger, nous attendons la mort à toute heure. Les onze villages arméniens se trouvant dans la plaine d'Arapguir sont entièrement pillés; les morts y sont nombreux, et les survivants ont embrassé l'islamisme; les églises sont converties en mosquées, les prêtres ont été égorgés à l'exception de ceux qui ont apostasié. Dans notre ville, on a compté jusqu'ici 3.000 corps d'Arméniens, sans compter les tronçons de cadavres. Des 3.000 maisons arméniennes, il ne reste plus que 150 maisons à demi ruinées, toutes pillées. La cathédrale demeure aussi, mais on l'a complètement pillée, après l'avoir profanée.

A présent, sous le prétexte de distribution de vivres, on fait le dénombrement des survivants, en les forçant de ne pas omettre les nourrissons et les enfants, et comme ordinairement on les cachait pour payer moins d'impôt, le recensement actuellement dressé, contenant les noms d'enfants, égalera toujours celui d'avant; c'est ce que veut le gouvernement, pour prouver que, malgré tant de troubles, personne n'est mort. Quant à la distribution de vivres, ce n'est qu'une misère; on donne à chacun deux ocques de blé pour 15 jours, c'est tout ce qui reste des provisions de blé qu'on a brûlées; et encore on ne le donne qu'aux veuves et aux jeunes filles, avec des conditions ignobles lorsqu'elles sont belles.

B...

FRAGMENT DE LETTRE

Arapguir, 29 décembre 1895.

Mon cher frère,

. . . .

Ce qu'il y a de plus cynique dans cette affaire, c'est que maintenant, après tout ce qu'on nous a fait souffrir, on nous force à signer des pétitions de gratitude au Sultan! On veut même nous faire dire que c'est nous-mêmes, Arméniens, qui avons fait tout cela! Sont-ils donc fous, les Arméniens, pour se tuer les uns les autres et pour brûler leurs maisons? Et l'Europe est donc si stupide qu'on n'ait pas honte de vouloir la tromper par des moyens si absurdes? Vous, au moins, renseignez l'Europe sur les événements; qu'elle vienne nous sauver! nous somme perdus sans son aide!

13.

Notre misère est extrême. Les survivants du massacre, des femmes, des vieillards, des enfants, reviennent des montagnes où ils étaient allés se réfugier; malades, à demi nus, souffrant de faim et de froid, ils errent de rue en rue, frappent à la porte des maisons qui ont échappé à l'incendie, et mendient. Mais personne n'a rien à donner. On mange des herbes.

Aidez-nous, mon frère! Aidez-nous bien vite. Mais pourrez-vous suffire avec vos modestes moyens à soulager une misère si colossale? N'ayez pas honte; adressez-vous aux étrangers, aux Européens, faites appel à leurs sentiments d'humanité. Nous sommes des hommes, et nous sommes chrétiens; nous avons réussi à conserver notre nationalité dans les siècles barbares; et maintenant, en pleine civilisation, laissera-t-on un gouvernement monstrueux supprimer notre race? Quelle faute avons-nous commise? Pourquoi nous fait-on souffrir de la sorte? Est-ce cela, le progrès? est-ce qu'on nous hait parce que nous sommes un des éléments essentiels du pays? Est-ce qu'en demandant la sécurité de notre vie, de notre honneur et de nos biens, nous devenons des insurgés? Quelle est donc notre faute ? c'est peut-être parce que nous sommes chrétiens, c'est surtout parce que nous sommes civilisés et honnêtes!

. . . .

A...

Arapguir, 25 décembre 1895.

Mon cher père et mes chers frères,

Je vous écrirai aujourd'hui sur tout ce que nous avons souffert. Le 25 octobre, le mercredi, vers le soir, on vint nous apprendre qu'il y avait le feu dans le quartier de Chahrogh... Depuis deux jours on avait fermé toutes les boutiques, car on avait peur. Je suis allé avec Garabed et un autre ami de notre quartier voir où était le feu; nous croyions que c'était un incendie comme à l'ordinaire. A 8 heures du soir, nous nous mîmes en route; nous sommes allés chez

M. Mardiros A..., nous sommes montés sur le toit de la maison, et là nous avons entendu des cris de joie qui s'élevaient du côté de Hentzanagh, et nous nous sommes aperçus que les .... se tenaient dans la rue immobiles et insouciants; nous leur avons demandé pourquoi ils ne faisaient pas leur tournée; ils nous répondirent que la ville, assaillie par les Kurdes, était sens dessus dessous. Nous sommes retournés chez nous en tremblant; nous avons attendu pendant une demi-heure, et nous avons vu tout d'un coup qu'il y avait le feu dans le quartier Derbéderb aussi; en ce moment, la famille Ayidjiontz vint se réfugier chez nous en disant que les Kurdes avaient brisé leur porte et étaient entrés dans la maison; en un moment, notre maison fut remplie d'une foule d'hommes. Puis, voyant que les Kurdes s'approchaient de notre quartier, nous sommes allés chez les Tzinégantz; nous y sommes restés jusqu'au point du jour, croyant qu'avec la nuit le massacre allait finir. Mais lorsque nous fûmes chez nous, on nous dit que les Kurdes étaient arrivés dans notre quartier;

nous avons pensé qu'il était prudent d'aller dans une maison pauvre, et nous sommes allés chez les Kantzanaghentz; de là nous avons vu les Kurdes briser la porte de notre maison, comme celles des autres, et piller tous nos biens; puis ils vinrent dans le jardin des Zournadjentz et nous avons vu par la fenêtre qu'ils y tuèrent deux hommes. puis ils vinrent piller la maison des Khatchigantz; c'est par miracle qu'ils ne marchèrent pas plus avant, car s'ils s'étaient dirigés de notre côté, c'en était fait de nous. Un peu plus tard, nous nous sommes aperçus que notre maison et celle des Colandjentz brûlaient. Les Kurdes s'étant éloignés, nous sommes sortis du jardin des Zournadjentz, et nous nous sommes dirigés vers l'église : nous avons rencontré Boghos et les siens avec Roupin et Satène; ils fuyaient vers les Odabachtentz. A l'église, nous avons trouvé un grand nombre de réfugiés; nous y sommes restés quelque temps; mais là encore ne nous sentant pas en sécurité, nous sommes allés, près de deux cents personnes, chez les Damgadjentz qui avaient donné 78 livres aux

Kurdes pour qu'ils fussent exempts d'incendie et de pillage; nous n'avions rien mangé depuis deux jours, ils nous donnèrent là de quoi manger, puis nous nous sommes endormis; à minuit on nous réveilla en criant : « Ils viennent ! » J'ai pris avec moi les enfants et nous sommes allés dans les jardins où nous sommes restés jusqu'au matin. Puis nous sommes retournés encore au jardin de l'église, où nous étions une centaine de personnes, tous femmes et enfants, et trois hommes seulement. J'étais assis auprès d'une jeune fille; tout à coup une balle partit de la maison turque voisine, la jeune fille tomba morte. Puis nous sommes allés au quartier Kazandjilère, nous avons passé le fleuve, nous avons vu près de cinq cents personnes qui s'étaient réfugiées là; peu après, une centaine de Kurdes vinrent nous assaillir et voulaient nous tuer tous, mais sur les prières des femmes, ils ne nous firent pas de mal; seulement ils nous entraînèrent vers Garmir-Hogh, où nous trouvâmes beaucoup de monde encore; nous nous assîmes là, sans savoir si on nous tuerait ou si on nous convertirait à l'islamisme; quelques heures après, le colonel Ylias effendi vint avec les cavaliers et chassa les Kurdes; nous passâmes la nuit dans un jardin. Le matin, quatre soldats turcs vinrent nous ordonner d'aller à l'église; nous avons trouvé l'église et les trois écoles toutes remplies de réfugiés. Les membres de l'éphorie sont allés ce jour-là se plaindre au autorités locales; ils ne s'en sont pas encore retournés.

R. M.

(Un garçon de 14 ans.)

LETTRE D'UNE FEMME

Terre de ruine (1), 1895, je ne sais quel jour de novembre !

Mon cher beau-frère,

Comment pourrai-je vous raconter tous nos malheurs ? sans doute jusqu'à présent d'autres vous ont écrit ; vous êtes bien heureux, vous autres, de n'avoir pas été ici ; si vous aviez été ici, on vous aurait tués ou bien on vous aurait brûlés. Vous devez avoir eu des nouvelles de tout ceci, mais il y a une grande différence entre entendre et voir ; vous prendrez pour un rêve tout ce que je vais vous raconter.

On a massacré, pillé, incendié pendant huit jours ; il y a eu un vacarme inouï, des voix infernales, des cris de petits enfants, un

(1) Arapguir.

vacarme épouvantable comme on n'en avait jamais entendu depuis la création du monde. Des enfants qui crient : Oh! Dieu, maman!... d'autres qui crient : Au secours ! au secours! Qui les entendra? Les balles tombent sur nous comme de la grêle. Ils arrivent, le sabre à la main; on n'a jamais vu des bourreaux aussi cruels, des brutes aussi féroces; on n'a jamais vu punir d'une façon aussi barbare des gens qui ne sont coupables d'aucune faute; si on écrit l'histoire exacte de tout ce qui s'est fait, il est impossible que ceux qui la liront ne tressaillent pas d'épouvante.

Nous nous trouvons maintenant au quartier turc dans une maison à sept chambres; nous sommes cent personnes, femmes, jeunes filles, enfants et quelques hommes, tous blessés; tout le monde pleure et gémit; nous n'avons rien pour mettre sur les blessures, pas même de quoi les bander; nous n'avons pas le linge pour nous changer; les cris, les gémissements nous empêchent de dormir. S'il nous arrive même de dormir un instant, nous sommes réveillés par la voix des enfants qui, effrayés par des rêves, crient : « Ils viennent ! ils viennent ! Maman ! ils veulent nous égorger, nous jeter au feu ! au secours ! »

Comment pourrai-je décrire ce que nous souffrons, mon cher beau-frère ; des cahiers entiers de papier ne suffiraient pas pour dire tout. Nous avons appris que vous avez eu beaucoup de pertes dans vos affaires ; ne vous en désespérez pas. Heureux celui qui mendie dans un pays libre et n'entend pas ces cris de douleur ! Nous souffrons de la faim ; nous n'avons à manger que quelques cuillerées d'orge bouillie par jour. On a dit que le gouverneur nous distribuera des vivres, mais nous n'avons encore rien reçu. Nous avons entendu dire qu'on a envoyé de votre ville et d'autres pays beaucoup d'argent pour nous ; on ne nous a encore rien donné. Même avec de l'argent, je ne sais si nous pourrons trouver de quoi manger, car nous n'avons plus d'hommes ; valides ils sont tous blessés, et ceux qui ne le sont pas, se trouvent en prison. Il y a quelques jours, quelques blessés sont morts dans une maison voisine, mais on nous rapporta que les corps sont restés à la maison faute d'hommes pour les porter au cimetière. On a attendu quelques jours, puis quelques femmes les ont traînés jusqu'au jardin de l'église, où elles les ont jetés; il n'y a plus de prêtre, d'ailleurs, pour les enterrer selon les rites. Seul, le prêtre Der Loussig vit encore, mais il est en prison; on a tué les deux vicaires protestants; on a égorgé notre vartabed; on a assassiné les prêtres. Le vartabed des Arméniens catholiques a échappé à la mort, mais on l'a pillé, il n'a même plus ni vêtement, ni chaussures pour pouvoir conduire les morts au cimetière.

Le pire de nos malheurs, c'est que l'hiver est arrivé, les communications sont arrêtées, nul secours ne peut plus nous arriver; il fait terriblement froid; nous sommes à demi nus. On a pris même les robes de la plupart des femmes; on nous a laissé les nôtres, mais on a pris nos manteaux. Les bottines de ma mère étant usées, on ne les prit pas, mais les miennes étant neuves, ils les emportèrent. Ma tante vous a déjà écrit pour vous dire le nombre de nos morts; on a tué mon père, on a tué mon grand-père, on a tué mes oncles, on a tué l'oncle de ma mère, mais on n'a pas tué ma mère, c'est ce qui nous console. On a tué notre ami B. C. et sa femme ; ils laissent quatre petits orphelins qui pleurent, demandent leur mère. On a tué A. et sa femme ; ils laissent cinq enfants, dont deux sont encore nourrissons ; ceux-ci n'ont personne pour téter, on leur donne de l'eau d'orge bouillie. Oh ! Dieu ! Dieu ! Dieu ! tu n'entends pas notre voix ! entends au moins la voix de ces petits enfants sans père ni mère ! Puisqu'il n'a pas entendu les cris qui s'élevèrent pendant les huit jours des massacres, quand est-ce qu'il pourra entendre notre voix ? Nous désespérons de lui ; nous lui avons cent mille fois crié : « Seigneur, fais que la terre se déchire et nous engloutisse et nous délivre des mains de ces bourreaux ! » Il ne nous a pas entendus, et maintenant nous nous disons : « Heureux ceux qui moururent avant cette ère maudite, sans le feu ni l'épée, de leur mort naturelle ! pourquoi, nous aussi, ne sommes-nous pas morts alors ? Nous n'aurions pas entendu ces gémissements d'enfants. »

Mais ne nous considérez pas comme vivants; ceux qui ont survécu à ce malheur, n'ont plus ni sang ni corps; nous ne savons plus ce que nous sommes devenus, nous sommes des morts vivants. Il faut ajouter cependant que l'âme devient comme de la pierre parfois; nous-mêmes nous nous étonnons de ce que nous n'avons pas succombé à tant d'horreur et d'épouvante. Il aurait mieux valu que nous fussions morts. Notre vie n'est plus une vie; nous avons toujours devant les yeux ces scènes terribles, où nous avons vu des brutes égorger des hommes innocents et s'emparer de leurs biens. Si l'on n'avait pas au moins brûlé nos maisons, nous aurions préféré nous retirer chez nous, loin les uns des autres, pour ne pas entendre ces gémissements; si au moins cela arrivait en été, nous aurions pu nous réfugier dans les montagnes, nous aurions mangé des herbes, et nous n'aurions pas entendu ces gémissements!... Dieu! Dieu! jusqu'à quand pleurerons-nous? et n'entendras-tu pas notre voix?

Dans les villages, les choses ont été dix

fois pires que tout ce que je t'ai écrit. Il est impossible de le raconter par la plume. Aidez-nous ! Envoyez-nous de l'argent ; si vous n'en avez pas, mendiez ; ici, personne des nôtres n'a plus d'argent pour pouvoir nous venir en aide. Je ne sais plus que t'écrire... ma mère et ma tante te saluent.

H. M.

Arapguir, novembre 1895.

Mon cher fils,

J'ai reçu hier ta lettre, je l'ai lue, et j'ai pris connaissance du contenu. Mon cher fils, je n'osais pas t'annoncer la fâcheuse nouvelle des événements de notre ville, craignant que ça ne t'afflige trop. Mais je pense que tu apprendras cela par d'autres compatriotes, et aussi tu t'inquièteras beaucoup si tu ne reçois pas de lettre de ton père.

Je suis donc obligé de te décrire l'état déplorable de ton pays natal.

Trois semaines avant ma présente, la

populace islame a attaqué une première fois notre ville. Outre qu'ils ont pillé tous les bazars chrétiens et une trentaine de maisons, ils ont aussi assassiné une vingtaine de personnes, sans que les autorités locales y mettent un obstacle.

Puis ils sont allés attaquer les villages environnants habités par les Arméniens; ils ont pillé et incendié toutes les maisons, et commis toute espèce de meurtres. Les villageois survivants se sont enfuis en ville.

Huit jours avant ma lettre, les Kurdes des villages, unis aux Turcs de la ville, ont attaqué une seconde fois la ville. Après avoir pillé toutes les maisons, ils ont aussi massacré beaucoup de monde. Plusieurs des survivants ont embrassé l'islamisme, pour la forme. Toutes nos églises ont été changées en mosquées. Ils ont jeté tous les livres saints dans la rivière et ont emporté tout ce qui se trouvait de sacré en or et en argent. Les prêtres ont été assassinés sur place, sauf un dont ils ont fait un Mollah. Enfin, les maux ont été tellement abominables que je ne peux pas les décrire.

Les premiers négociants de la ville ont été massacrés; de moindres, également tués; tes meilleurs amis, les cinq frères Z..., les deux frères B..., les trois frères M... sont aussi morts. Je ne saurais nommer toutes les victimes.

Sur plus de quatre cents maisons chrétiennes, il n'en reste qu'une trentaine indemnes de deuil, mais souffrant de nudité et de faim. Il n'y a pas moyen de se procurer un morceau de pain. Les petits enfants complètement nus et n'ayant pas à manger, crient : « *Hatz! Hatz!* » (pain! pain!)... On a même enlevé les habits que nous avions sur le corps!

Il faut que je te rappelle qu'après la première attaque, les autorités firent publier que, par ordre de l'Empereur, il était rigoureusement défendu de toucher aux Arméniens, sous peine d'une amende de 50 livres et de 15 ans de prison, tâchant, par ce moyen, de nous flatter, amadouer, rassurer. Et le lendemain de ces déclarations, la ville étant cernée par les Turcs et les Kurdes, les soldats firent mine de les chasser, afin de nous arracher des *bakchichs* (pourboires).

Or, après, le plus haut fonctionnaire appela à lui les notables arméniens, et leur dit : « Si vous voulez être délivrés, il faut que vous vous convertissiez tous à l'islamisme. » Et ceux-ci objectèrent qu'il faudrait avertir de cela le peuple arménien.

Consultés, les chrétiens de la ville, comme ceux des villages réfugiés dans la ville, répondirent : « Nous ne voulons point changer notre religion; que le gouvernement fasse de nous ce qu'il voudra. »

Le lendemain même de ce refus, les massacres recommencèrent, durant de trois heures du matin jusqu'à neuf heures du soir (c'est-à-dire, à la franque, de huit heures du matin jusqu'à deux heures après minuit).

Dès lors, tout ce qui reste en fait de jeunes filles ou de femmes dont les époux ont été massacrés, ils les forcent, sous menaces, de se convertir à l'islamisme, et ils se marient avec.

Enfin, mon cher enfant, je ne puis t'écrire davantage, car ma main tremble de froid, et depuis trois jours nous n'avons presque rien mangé. Nous sommes forcés de mendier dans les maisons des Turcs, qui, presque tous, nous refusent même un morceau de pain.

Hélas, je n'ose te dire encore... On allait me tuer aussi, si je continuais de refuser à leur livrer ta sœur. Déjà tout avait été enlevé, couvertures, matelas, habits, vivres, et même le combustible, quand on vint réclamer notre fille. Moi je résistais, prêt à tout. Seulement, quand elle me vit la gorge sous le sabre, et mort si je ne la rendais pas, elle se jeta d'elle-même aux pieds des Turcs, criant : « Épargnez mon père, me voilà! ».

Et ils l'ont emportée!

Pour les autres qui restent, hâte-toi de nous secourir, mon cher enfant, car nous manquons de tout, et ce qui est plus terrible, nous avons faim! Je te le répète, pour l'amour de Dieu et de Jésus-Christ, envoie-nous quelque chose, sinon nous sommes morts! Tes frères, tes sœurs crient : « *Hatz! Hatz!* » S'il m'est possible de faire entendre raison aux grands, comment faire taire les tout petits? Si tu veux donc sauver notre vie, dépêche-toi de faire tout ton possible pour nous secourir, même s'il faut que tu mendies.

Ton père désespéré, G.....

EGHINE

Eghine, 28 novembre 1895.

Chers Frères K. et H. (1)

Voilà un mois et demi que nous ne vous avons pas écrit, et nous n'avons plus reçu de lettre de vous. Peut-être vous nous avez écrit, mais, jusqu'à présent, nous n'avons rien reçu de vous. Quant à nous, nous n'étions pas en état d'écrire des lettres. Depuis le 22 octobre jusqu'au 5 novembre, Dieu seul sait ce que nous avons souffert. Pendant huit jours, les ronces du désert furent notre lit et les pierres notre oreiller. Car les Kurdes et les... (2), unis, ravagèrent et pillèrent notre

1. Cette lettre est écrite sous les yeux du mudir de la ville, ce qui explique les éloges forcés et les atténuations qui s'y trouvent.

2. Il a craint de nommer les Turcs, mais il les a fait sous-entendre par ces points de suspension.

village et les villages arméniens environnants. Le spectacle était bien étonnant! Cinq jours de suite, ils pillèrent; ils ne laissèrent rien dans les maisons, pas même un matelas pour s'asseoir dessus. Nous avons encore de quoi manger; la plupart des voisins ne l'ont même pas; les petits enfants crient en pleurant : Du pain! du pain!

Maintenant, sur l'ordre de Sa Majesté le Sultan, le massacre a cessé. Quatorze villages arméniens, depuis le prêtre jusqu'au dernier paysan, embrassèrent la religion du salut (Islam); nous aussi l'avons embrassée, et toute notre famille... Ne nous en voulez pas pour cela, chers frères... oh! non! jusqu'à la fin, nous...

Pendant deux jours, j'ai erré par-ci par-là, tenant dans mes bras le petit Kéham. Nous n'avons pas de perte dans la famille, excepté notre vieille tante Eva (celle qui a été en pèlerinage à Jérusalem), que l'on coupa en morceaux, sous nos yeux, parce qu'elle ne voulut pas embrasser l'islamisme...

On ne peut pas nier la sollicitude et la protection dont le mudir de notre ville a fait preuve pour nous; mais ses efforts furent vains contre les attaques des Kurdes et des villageois.

Nous sommes nus, chers frères, nous sommes dépourvus de tout; hâtez-vous de nous venir en aide; dites à nos compatriotes d'envoyer des secours dans le plus bref délai aux leurs.

Désormais, si vous m'écrivez, mettez sur mon adresse mon nouveau nom : Moustafa.

Pendant un mois et demi, je n'avais pas quitté la maison. Aujourd'hui, je suis venu à Eghine, accompagné de Kiatib-Mehmed-Effendi et j'ai écrit cette lettre près du mudir...

Il y a trois jours, notre ami B. T. est mort. Nous l'avons enterré près de notre vigne, dans le cimetière turc!...

Nous sommes en grande peine, frères, hâtez-vous de nous secourir et de nous sauver de cette situation. Est-ce que ces jours de malheur ne s'en iront jamais? C'est par un miracle que j'ai échappé à la mort...

Notre mère et les autres membres de la famille se portent bien; nous attendons impatiemment des nouvelles de vous. Maman demande : Que deviendrons-nous?

Eghine, 30 novembre.

Les renseignements qui nous parviennent du village de Gamaragab, notre pays d'origine, contiennent les détails les plus pénibles sur les actes de pillage et de dévastation, qui y ont eu lieu le 27 octobre écoulé.

Le dit jour, deux heures avant l'aube, les habitants du village ont été éveillés par une attaque subite; les assaillants étaient des Kurdes et autres musulmans, auxquels s'étaient joints les habitants des villages turcs d'Akrak, d'Argon, de Haponoss, de Paguer et des autres villages des environs, ainsi que ceux du village de Gamaragab.

L'attaque a commencé par le siège exclusif des maisons habitées par les Arméniens. Aucune habitation turque n'a été assiégée; cette circonstance, ainsi que la participation des Turcs aux désordres, prouvent que l'affaire a été préparée de longue main par une entente entre les habitants musulmans de Gamaragab, des villages environnants et des hordes kurdes du voisinage.

Les assaillants ont brisé les portes des

habitations, et se sont emparés de tout ce qu'ils ont trouvé : bijoux, meubles, provisions, habits et même le charbon et le bois de chauffage. Ils ont détérioré ou réduit en morceaux tout ce qu'ils n'ont pas pu emporter, ne laissant absolument rien aux habitants, qui ne possèdent actuellement pas même des haillons pour couvrir leur nudité.

Les Turcs de Gamaragab, pensant avec raison que le vol de meubles, etc, pourrait dans l'avenir prouver leur complicité, si jamais une enquête impartiale était faite, ont préféré s'emparer des provisions, de sorte qu'ils ont réussi à emmagasiner des vivres pour plusieurs années. L'église de la Sainte-Vierge et la chapelle de Sourpe-Kévork n'ont pas échappé à la férocité des hordes; les autels ont été profanés, les saintes images souillées et déchirées, et les objets sacrés, ainsi que les habits sacerdotaux, emportés.

Le pillage et la dévastation ont continué pendant trois jours et trois nuits, après quoi les assaillants ont mis le feu au quartier de Sourpe-Kévork où une trentaine d'habitations arméniennes et la chapelle de Sourpe-Kévork ont été réduites en cendres. Si les hordes n'ont pas incendié les autres habitations arméniennes, c'est simplement pour épargner les maisons des Turcs, qui se trouvent mêlées aux maisons des Arméniens. D'ailleurs celles-ci, pour ne pas être incendiées, ne s'en trouvent pas moins inhabitables, car les assaillants ont emporté les portes, carreaux, et autres matières ayant servi à la construction.

Aussi, en même temps que les habitants des maisons incendiées, toute la population arménienne de Gamaragab, composée de 130 familles, se trouve actuellement sans gîte. Parmi les maisons incendiées, il y en avait plusieurs d'une valeur de plus de 1,000 L. Tqs. Les pertes causées par l'incendie sont évaluées à 15,000 L. Tqs. Les églises ont subi une perte de 10,000 L. Tqs, et les bijoux, meubles et provisions pillés valaient plus de 18,000 L. Tqs.

La horde, grossissant de jour en jour, a formé un corps de 1,300 hommes qui, sous la conduite d'Ali Effendi Osman Agha Zadé, professeur à l'école Ruchdié de Gamarabab, ont réuni les Arméniens dans la même localité et les ont forcés, les armes en main, de se convertir à l'islamisme. C'est en vain que les Arméniens ont prié les assaillants de leur laisser au moins leur sainte religion. Ali Effendi a crié qu'il ordonnerait le massacre complet des Ghiaours de Gamaragab, s'il se trouvait des récalcitrants ; ainsi, la population arménienne, devant un danger immédiat, a feint de se convertir à la religion musulmane.

Ali Effendi a conduit alors les Arméniens à l'église où, après avoir de nouveau profané les objets sacrés, il est monté au clocher, et y a récité l'Ezan ; pendant ce temps, la foule rassemblée dans l'église, faisait la prière du Namaz, à la manière musulmane.

Les Arméniens ont été obligés de porter des turbans et de s'habiller comme des musulmans durant cinq jours ; après quoi, sur les démarches de quelques Arméniens et du métropolitain d'Eghine, une brigade de cent soldats a été envoyée à Gamaragab, sous le commandement d'un officier, qui a déclaré la conversion faite par menace non avenue et a ordonné l'ouverture de l'église. Après avoir dispersé la horde, il est parti en laissant 20 soldats pour la protection du village et en promettant d'envoyer d'autres forces si le besoin s'en faisait sentir.

Pendant les troubles, une dame, Zarmantoukht Torossian et les nommés Yérémia Der-Partoghimian et Margoss Kherian ont été tués ; une dizaine de personnes ont été blessées. Le prêtre Der-Karékine et quelques jeunes Arméniens ont disparu, sans qu'on sache ce qu'ils sont devenus. Les hordes en quittant Gamaragab, se sont mises à menacer la ville d'Eghine et les villages d'Abtchougha et de Gadouchela ; ils ont obtenu une rançon de 1500 L. Tqs. d'Eghine, 200 L. Tqs. d'Abtchougha, et 50 L. Tqs, de Gadouchela.

Les habitants de Gamaragab, sans gîte et sans provisions, se trouvent actuellement voués à la misère la plus complète ; les secours qu'envoient les Arméniens des environs, réduits eux-mêmes à la pauvreté par suite des vexations continuelles des Turcs et de la terreur régnante, sont loin de leur procurer un soulagement réel ; d'ailleurs, cette assistance ne peut pas continuer longtemps; et la famine, réunie au froid, continuera l'œuvre de l'extermination des Arméniens dans ce pays.

MALÁTIA

Malatia, 10 novembre.

La belle et florissante ville de Malátia a vu les fléaux les plus inimaginables fondre tout à coup sur elle dans la matinée de lundi 23 octobre 1895 ; l'incendie a réduit en ruines une grande partie de ses habitations, le pillage a voué à une misère des plus affreuses sa population laborieuse, tandis que le massacre en privait un grand nombre de la vie, rap une mort cruelle; la ville a pris, en quelques heures, un aspect de deuil et presque la totalité de ses habitants arméniens ont été privés de leurs moyens d'existence.

A la suite de ces grands malheurs, la pauvreté et une disette affreuse ont commencé à se faire sentir ; le peuple, dépourvu de gîte et de provisions, s'est vu obligé de mendier son pain, allant de boutique en boutique et de maison en maison, et implorant souvent la pitié de ceux-là mêmes, qui, hier encore, avaient été ses bourreaux. Les rues sont actuellement bondées de malheureuses victimes, parmi lesquelles on voit souvent des vierges et de jeunes femmes à moitié nues et des vieillards n'ayant pas même la force de marcher. A cause des rigueurs de la saison, nombre de ces malheureux sont morts de froid et leurs cadavres ont été trouvés dans les rues de la ville et sur les chemins des alentours.

Beaucoup de conversions forcées ont eu lieu ; et de nombreuses femmes et jeunes filles ont été enlevées et livrées aux derniers outrages. Non contents de tant de forfaits, les auteurs de ces horreurs ont aussi privé le malheureux peuple arménien des consolations spirituelles mêmes de la religion, en dévastant et démolissant les sept églises arméniennes de la ville, dont aucune n'est restée debout et dont les trésors, consistant en objets de culte, ont été emportés; les cœurs des croyants ont saigné en voyant les profanations commises; le saint Évangile et les autres livres saints ont été déchirés avec outrage et les sanctuaires et les autels ont été souillés.

Nous regrettons de ne pas pouvoir rapporter tous les méfaits dont la populace et les hordes se sont rendus coupables; après nous avoir livrés à tant de malheurs, on ne nous permet pas même de pleurer; on ne nous laisse pas adresser des lettres à nos parents et amis résidant dans la capitale ou dans d'autres villes de l'Empire, et on ne nous remet pas les lettres arrivées d'eux à nos adresses.

PALOU

Palou, 25 novembre 95.

Le district de Palou, situé dans le vilayet de Mamouret-ul-Aziz, a été depuis longtemps l'une des parties les plus éprouvées de l'Arménie, par suite de l'oppression des chefs turcs et kurdes qui habitent les environs et de la mauvaise administration dont les effets néfastes ont pesé de tout temps sur ses destinées.

En ces derniers temps surtout, cette oppression, aggravée par la conduite méfiante et haineuse du gouvernement, avait pris un caractère systématique et causait de fréquents mécontentements.

C'est à la suite de cet état de choses que

les habitants du village arménien de Havav, où un grand nombre de vexations avaient été commises par une brigade de gendarmes, et ceux du village arménien de Tzeth qui avaient également de justes causes de mécontentement, pressentant les malheurs qui menaçaient leur pays, s'étaient adressés, au printemps de 1895, au Palais Impérial et au Grand Vizirat pour solliciter la désignation d'un endroit plus sûr où ils pourraient émigrer, ou l'amélioration de leur situation par le châtiment des auteurs de leurs souffrances : Ibrahim et son frère Ruchdi, Chérif et son fils Teyfour, Saïd Effendi et d'autres qui, s'étant érigés en tyrans dans le pays, menaçaient la population d'un massacre général.

Cette démarche n'avait abouti à aucun résultat pratique; les autorités locales, avaient indûment protégé les accusés, sur lesquels pesaient pourtant les plus grandes charges établies par des preuves irréfutables.

Depuis ce temps, les beys, animés d'une hostilité plus prononcée, attendaient une occasion propice pour se venger; et les crimes dont ils se rendaient coupables faisaient pressentir l'approche du moment fatal.

Les menaces de massacre étaient d'ailleurs entendues de la bouche des personnes occupant une situation officielle, ainsi que de la part des populations turques et kurdes, qui se déclaraient toutes prêtes à se lever, le moment venu, pour passer au fil de l'épée les Arméniens.

Ceux-ci, quoique vivant dans des transes, se berçaient de l'espoir de voir la situation s'éclaircir par une prompte réalisation des réformes projetées.

Or, le jour même où la nouvelle de la promulgation des réformes arrivait à Palou, les Arméniens de ce district, effrayés déjà par la nouvelle des massacres de la capitale, de Trébizonde et d'Erzindjan, apprenaient qu'une attaque venait d'avoir lieu sur Keghi, à une journée de distance de Palou.

Cette nouvelle, tout en causant une profonde terreur parmi les Arméniens, produisait la plus grande effervescence parmi les éléments fanatiques.

Les Turcs et Kurdes, formant des bandes armées, se sont immédiatement mis à visiter les bourgs et hameaux et à pressurer la population par des exigences exagérées. C'est ainsi que dans le village de Havav, un brigand nommé Kachik, originaire du village de Kurum, exigeait une somme de quinze livres turques de l'Arménien Margoss Aylayan, prétextant avoir perdu pareille somme vingt ans auparavant lors d'une dispute qu'il avait eue avec le grand oncle du dit Margoss!!

Quelques jours plus tard, une députation des beys de Palou c'est présentée au village de Havav et a exigé au nom des beys la remise de la récolte totale de l'année; les beys, habitués depuis longtemps à s'emparer des récoltes des Arméniens, en avaient été privés l'année dernière, par une décision du gouvernement; aussi s'empressaient-ils de profiter de la situation troublée du pays pour annuler l'effet de la décision gouvernementale.

La députation menaçait d'aller chercher des hordes kurdes et turques pour incendier le village si les Arméniens refusaient d'obéir.

Les habitants de Havav, forts de leurs droits, et dans l'espoir d'être protégés par les autorités, ont répondu par une fin de non-recevoir, déclarant que les beys pouvaient s'adresser aux tribunaux s'ils se croyaient fondés à formuler une demande quelconque.

En même temps, de pareilles exigences se produisaient presque dans tous les villages du district de Palou de la part des chefs kurdes et turcs.

Samedi 21 octobre, les hordes s'étaient déjà accumulées dans tous les villages arméniens du district, quand une sonnerie de clairon a causé une vraie panique. Les Kurdes ne sachant à quoi attribuer l'arrivée d'une brigade de soldats réguliers que cette sonnerie annonçait, se sont retirés vers les montagnes, tandis que les Arméniens, également alarmés, se retiraient dans leurs foyers et que plusieurs d'entre eux se réfugiaient dans les montagnes et les cavernes.

C'était, en effet, une brigade commandée par un capitaine et conduite par Husséin Bey, membre du Conseil Administratif du Caza, qui arrivait. Les notables arméniens de Havav se sont empressés de recevoir les soldats, leur ont donné logement dans l'école communale, et immolant des moutons en leur honneur, ont fait tout ce qui était en leur pouvoir pour le confort de leurs hôtes.

Husséin Bey, le membre du Conseil administratif qui accompagnait la brigade, ayant été invité à passer la nuit dans une maison particulière, y a fait mander les notables du village et leur déclarant que sur la nouvelle des vexations endurées par eux, il s'était empressé à leur secours, les a félicités de la promulgation des réformes; faisant aussi venir les notables des villages kurdes des environs, il s'est entretenu longuement avec eux en particulier. Il a expliqué aux Arméniens ces entrevues avec les Kurdes sous le prétexte qu'il leur conseillait de ne pas s'approcher des villages arméniens, tandis qu'on a appris plus tard qu'il s'était concerté avec eux pour une attaque générale. Le lendemain, le dit Husséin Bey a fait signer aux Arméniens une pétition dans laquelle, après l'exposé du manque de sécurité régnant dans l epays, les signataires exprimaient leur gratitude pour le rétablissement de l'ordre, grâce à l'arrivée de la brigade. Plus tard, Husséin Bey a visité les différents villages kurdes, où il a donné secrètement des ordres en vue de l'attaque projetée et, passant la nuit dans le village kurde de Kurum dont les habitants sont particulièrement connus par leur férocité, y a arrêté quelques brigands, contre lesquels les Arméniens s'étaient particulièrement plaints; ce procédé avait pour but de donner aux Arméniens une satisfaction trompeuse, puisqu'aussitôt éloigné du village, les prisonniers ont été relâchés.

Le lundi 23 octobre, les soldats sont retournés à Palou, chef-lieu du district, mais l'insécurité augmentait de jour en jour; la terreur était complète dans la ville et personne n'osait se hasarder hors de son foyer. Les habitants turcs et les soldats de l'armée régulière attaquaient les magasins et les boutiques des Arméniens et pillaient tout ce qu'ils y trouvaient; aucun magasin n'a pu échapper à ce pillage, à l'exception de deux ou trois qui, situés dans une bâtisse en pierre, ont pu résister aux attaques.

Le Caïmacam ad interim, loin de s'opposer aux agissements des perturbateurs, les encourageait au contraire. On a aussi pillé quelques habitations parmi lesquelles celle du révérend Der-Krikor, métropolitain ad interim; trois Arméniens ont été tués, et on a emprisonné deux jeunes hommes, Agop Gurdjian et Agop Terzian qui, grâce à cette circonstance, ont échappé au massacre commis plus tard.

Immédiatement après le pillage du marché de Palou, on a attaqué tous les villages du district.

Les assaillants, armés de fusils Martini, de poignards, de haches, et dirigés par les beys kurdes et les notables musulmans, ont cerné les villages et après s'être emparé des troupeaux qui se trouvaient dans les champs, se sont mis à resserrer le cercle formé autour de chaque village et sont ainsi arrivés à les assiéger. Les communications entre les quarante-trois villages arméniens situés dans la vallée de Palahavd et dépendant du Caza de Palou, ont été totalement interrompues.

Les mouvements de ces hordes étaient ordonnés par des sonneries de clairon; tout en s'emparant des troupeaux, elles avaient dépouillé les quelques personnes qu'elles avaient rencontrées sur leur chemin; aussi la terreur devenait-elle plus vive parmi les Arméniens à mesure que les craintes augmentaient.

La nuit du 23 octobre a été remplie d'incidents plus tragiques les uns que les autres; les sonneries de clairon, les bruits des hordes, les coups de feu tirés par les assaillants, tout cela produisait une confusion indescriptible; ici, c'étaient les cris désespérés de paisibles habitants qui s'étaient vus tout d'un coup entourés de flammes et exposés à brûler vifs; là, les mugissements des bestiaux dont les étables commençaient à prendre feu; ailleurs on voyait des femmes et des enfants, éplorés, demander des secours ou solliciter la protection de ceux-là mêmes qui étaient les causes de leur malheur; partout, des scènes déchirantes d'angoisse et de désespoir.

Dans la plus grande partie des villages,

les assaillants n'ont rencontré presque aucune résistance; une partie des Arméniens, trompés par les promesses de protection des beys kurdes, se rendaient de plein gré, tandis que d'autres, laissant entre les mains des assaillants tout ce qu'ils possédaient, s'empressaient de fuir vers les montagnes et les vallées; les villages de Tzeth, de Nakhri et de Havav seulement ont tenté de se défendre contre l'attaque des hordes, d'ailleurs sans succès.

Plusieurs des habitants de Havav, profitant de l'obscurité, s'étaient réfugiés dans l'église du village et dans les monastères de Kaghtzrahayatz-Sourpe-Asdvadzadzine et de Sourpe-Gathoghigué. Les assaillants, conduits par Abdullah Effendi, sont venus assiéger le monastère de Kaghtzrahayatz et ont tué sur le seuil même du monastère un jeune homme et une jeune femme qui, placés l'un sur l'autre, ont été décapités du même coup de hache; la terreur de la population, aiguisée par ce forfait, leur faisait commettre des actes frisant la folie; un adolescent s'est arraché les moustaches dans le but de se déguiser en femme pour se sauver. Des jeunes mères, dans leur précipitation de fuir, égaraient leurs enfants qui, restés sans soutien sur les routes et dans les vallées, expiraient de faim.

Dans les villages, les assaillants recouraient à toutes sortes de supercheries pour arriver à leurs fins; trompant les Arméniens par des serments, ils réussissaient souvent à pénétrer dans leurs maisons sous prétexte de les protéger; et c'est un saccage général qui avait lieu, terminé en maintes localités par l'incendie.

Sur les routes c'était pis encore; les Kurdes tuaient sans pitié tout ceux qu'ils rencontraient; ils enlevaient, outrageaient et parfois assassinaient les femmes qui leur tombaient entre les mains.

Partout, c'était la désolation et une confusion générale qui ont duré dix jours; pendant ce temps, Ibrahim Bey, fils de Hadji Nédjib Pacha, le célèbre propriétaire de Sakrate, avec de fausses allures de pitié a fait rassembler les Arméniens et les a fait conduire au village de Sakrate, à une heure de distance de la ville; cette conduite d'Ibrahim Bey, lui a valu la renommée de protecteur des Chrétiens; de tous les côtés les Arméniens se sont empressés de se réfugier à Sakrate, surtout pendant la nuit; mais l'accueil qui les y attendait n'était pas précisément une protection.

Ibrahim Bey avait réuni à Sakrate plus de trois cents chefs subalternes, kurdes et turcs, et une brigade de soldats; les « Zaza » habitant à proximité attendaient aussi une occasion propice pour donner libre cours à leur férocité; des attaques, des outrages à l'honneur des femmes et des vierges se produisaient, pendant que la foule continuait à se réfugier au village qui, de quatre-vingts maisons en temps ordinaire, a vu sa population monter à dix mille personnes.

A la suite de ce rassemblement, la famine s'est fait sentir; on s'arrachait des morceaux de pain et de tous les côtés on entendait les cris de ceux que la faim torturait.

Pendant ce temps les assaillants, qui se nourrissaient en immolant les moutons enlevés aux Arméniens, s'adonnaient à de vraies orgies, et les pauvres femmes arméniennes étaient les victimes de leurs passions immondes. Ceux qui possédaient encore quelque argent réussissaient à acheter l'honneur de leurs épouses et de leurs sœurs par des rançons; mais ceux-là étaient des privilégiés. On peut avancer sans exagération que les femmes et les vierges outragées dans le district de Palou représentent une proportion de 60 à 70 0/0 sur la totalité, sans comprendre dans ce chiffre celles enlevées de force et épousées par des Turcs, qui ont été rendues à leurs familles plusieurs semaines plus tard, après avoir été bestialement outragées.

Les événements ont prouvé que l'idée dominante d'Ibrahim Bey en réunissant les Arméniens dans le village de Sakrate, était de les faire massacrer par une attaque décisive, après les avoir dépouillés de leurs biens. Ibrahim Bey était en relation continue avec Békir Effendi, commissaire de police; il allait et venait de Sakrate à la ville et de la ville à Sakrate; c'est sans doute à la suite des pourparlers qui avaient eu lieu lors de ces voyages qu'on a exigé de toute personne désireuse de rester à Sakrate le paiement de cinq piastres par tête, comme rétribution des hommes préposés à la garde.

Les Arméniens réunis à Sakrate ont accepté cette condition, mais le lendemain une nouvelle décision était communiquée de la ville; on ordonnait cette fois-ci à tout Arménien étranger au village de le quitter immédiatement.

Les deux farouches domestiques d'Ibrahim Bey, Voyiss et Hibo, accompagnés de soldats et de gendarmes, ont réuni de force les réfugiés arméniens devant le conak de leur maître. Ceux qui ont réussi à obtenir la permission de rester dans leurs refuges, en contentant la cupidité des domestiques du tyran, ont été contraints de quitter leurs cachettes à la suite d'une seconde recherche qu'Ibrahim Bey a fait exercer par d'autres personnes; quand tout le monde a été rassemblé devant le conak, les Kurdes et les Turcs, se ruant sur cette pauvre population, l'ont dépouillée de tout ce qu'elle possédait avec les procédés les plus barbares. Ibrahim Bey, le commandant des troupes et le commissaire de la police ont été les spectateurs impassibles de ce pillage.

Les pauvres paysans ont passé la nuit dans les rues, rassemblés par groupes suivant le village dont ils étaient originaires; torturés par la faim, ils allaient de maison en maison pour mendier un morceau de pain. Durant cette nuit, on entendit les bruits des hordes qui s'agitaient dans la plaine et s'approchaient parfois de Sakrate, feignant de vouloir l'attaquer.

Un moment, l'approche d'une foule nombreuse qui venait du côté de l'ouest, a rempli les réfugiés d'une grande anxiété; on a appris à la fin que c'étaient les habitants arméniens du village de Tzeth qui, s'étant réfugiés dans les villages kurdes des environs, en avaient été chassés par suite des ordres envoyés par Ibrahim Bey. Une partie de ces pauvres arméniens a été accueillie à Sakrate grâce aux sommes qu'elle a offertes à Ibrahim Bey et à ses hommes, mais le reste a dû rebrousser chemin, allant Dieu sait où. Tzoth est compris dans le nombre des villages qui forment le fief d'Ibrahim Bey, mais les habitants, ne pouvant souffrir les exigences arbitraires de leur seigneur, s'étaient plaints au gouvernement; aussi Ibrahim Bey a-t-il profité de l'occasion pour se venger.

Sur un nouvel ordre d'Ibrahim Bey, on a de nouveau rassemblé les paysans devant sa maison; cette fois-ci, il s'agissait de se rendre au chef-lieu du Caza; le peuple s'est mis en route vers le soir, conduit par Ruchdi Bey, frère d'Ibrahim, avec une brigade de soldats réguliers et des Kurdes qui se sont permis toutes sortes d'outrages et de vexations en route; à l'arrivée devant le corps de garde de Palou, défense fut faite de continuer par le commissaire en chef de la police, qui, prenant les femmes et les enfants, les a conduits à la ville.

Le reste de la population, pères, maris, frères, a vu avec tristesse ces pauvres êtres si chers s'éloigner. On a attendu jusqu'au coucher du soleil sans qu'aucune communication parvienne; vers douze heures à la turque, sur un ordre, les soldats ont mis baïonnettes aux canons, et ont refoulé le peuple vers la plaine; les pauvres Arméniens, désespérés, ont dû s'éloigner; la plus grande partie ont voulu retourner vers Sakrate, mais à l'entrée du village, ils ont rencontré les hommes d'Ibrahim Bey, qui leur barraient le chemin.

C'était deux heures à la turque; il faisait nuit noire, quand une attaque féroce a eu lieu sur ce peuple déjà martyrisé. Les hordes d'Ibrahim bey refoulaient les Arméniens avec des cris féroces, les coups de fusil se répétaient, et le peuple refoulé de la ville, refoulé de Sakrate, ne pouvait qu'exprimer sa douleur et son désespoir par ses pleurs; quand il a enfin fait jour, on a vu les champs couverts des cadavres des victimes, tandis que ceux qui avaient réussi à se sauver au prix d'efforts surhumains, s'étant retirés dans leurs refuges, ne donnaient aucun signe de vie.

Pendant les jours qui ont suivi cet épisode, une grande multitude continuait toujours à se refugier à Sakrate. Ibrahim Bey s'est mis alors à marchander sa protection ; chaque réfugié, désireux d'entrer au village, était obligé de payer une somme variant entre cinq et dix livres turques ; grâce à ce procédé, Ibrahim Bey réussit à s'assurer une somme importante, ainsi qu'une grande quantité d'armes de prix, de bijoux, et même des chevaux, que leurs propriétaires lui cédaient volontiers pour jouir de sa protection.

Pendant que ces faits se passaient à Sakrate et à Palou, les habitants des seize villages situés sur les bords de la rivière d'Aradzani subissaient des traitements non moins graves ; les Turcs et les Kurdes attaquant ces villages, les avaient saccagés et pillés ; ils avaient tué les hommes, enlevé les femmes et mis le feu à maintes habitations. N'avaient échappé à la mort que ceux qui avaient accepté, sous la pression exercée et devant les menaces de mort, d'abjurer leur foi et avaient été circoncis. Cette circoncision même avait été opérée avec des procédés tellement cruels que plusieurs ont succombé à ses suites, après de cruelles souffrances.

Les aghas turcs et kurdes des environs ont aussi emprisonné une partie de la population arménienne dans les étables et les fenils, tué tous ceux contre lesquels ils nourrissaient une hostilité quelconque et vexé tout le peuple avec des mauvais traitements.

Les aghas d'Ouzoun-Oba, surtout, se sont distingués par leur cruauté; sur un ordre arrivé de la ville, ils ont chassé du village les Arméniens qu'ils avaient précédemment emprisonnés dans leurs conaks et, les poursuivant dans la campagne, en ont tué plusieurs et ont enlevé nombre de femmes; trente-cinq parmi celles-ci, poursuivies par les Kurdes, se sont jetées dans l'eau en criant « Seigneur! c'est vers toi que nous venons, veuille bien nous recevoir! » De ces trente-cinq jeunes femmes, l'une seule a réussi à arriver à l'autre rivage et c'est elle qui a rapporté cette héroïque conduite des paysannes arméniennes. Pendant dix jours, d'ailleurs, on a vu flotter sur Aradzani les cadavres des Arméniens, hommes et femmes, qui s'y étaient jetés, préférant cette mort volontaire à la mort violente ou au déshonneur qui les attendaient si jamais ils tombaient entre les mains des Kurdes. Notons, d'autre part, que plusieurs jeunes arméniennes sont sequestrées jusqu'à ce jour dans les conaks des aghas et subissent leurs outrages.

Les femmes et les jeunes filles que les autorités avaient reçues dans la ville en les séparant des membres mâles de leurs familles, y subissaient des malheurs non moins graves. Le gouvernement les avait placées dans les églises de Sourpe-Loussavoritch et de Sourpe-Asdvadzadzine où elles ont passé deux jours dans la plus grande anxiété, n'ayant reçu aucun renseignement sur le sort des membres mâles de leurs familles.

Pendant ce temps, des délibérations laborieuses avaient lieu entre le Caïmacam et les notables musulmans pour une attaque décisive sur Sakrate et sur la ville simultanément; le Caïmacam ad interim Békir Bey, se rendant en personne au bureau télégraphique, s'est concerté avec ses supérieurs hiérarchiques du sandjak et l'ordre est enfin arrivé de laisser attaquer la ville le lendemain lundi, 30 octobre.

Dans le but de sauver les apparences on avait pourtant chargé le capitaine Ali Effendi, commandant des troupes régulières, de feindre de défendre la ville, dont la position facilitait d'ailleurs particulièrement toute opération dans ce sens ; mais les autorités se souciaient bien peu de défense ; les mesures qu'elles prenaient avaient pour unique but d'écarter autant que possible la responsabilité du gouvernement.

Dans la matinée du lundi 10 octobre, les montagnes des environs et les bords de la rivière étaient occupés par une grande multitude de Kurdes, tandis que les Turcs s'étaient assemblés aux abords des anciennes fortifications et la population musulmane de la ville, armée jusqu'aux dents, faisait parade de ses velléités d'attaque.

Le capitaine Ali Effendi a bien commandé pendant quelque temps à ses soldats de défendre l'entrée de la ville ; mais sur une injonction du mufti qui, revolver en main, l'a menacé de faire feu s'il continuait à faire barrer le chemin aux assaillants, toute opposition a cessé ; une sonnerie de clairon a ordonné aux soldats de quitter leurs positions et le mufti, agitant son mouchoir, a invité les hordes à entrer dans la ville; et tandis que cette entrée avait lieu, le mufti et les chefs du mouvement criaient : « Tuez surtout ! ne perdez pas votre temps à vous occuper de pillage ».

L'attaque a eu lieu dans des conditions particulièrement dramatiques; des Arméniens retirés dans leurs maisons, attendaient les événements, sans aucun mouvement de leur part; les assaillants ont forcé les portes des habitations, et y pénétrant, ont égorgé tous les habitants de sexe mâle qui leur sont tombés entre les mains. Il y a eu des maisons où quatorze ou quinze cadavres se sont amoncelés l'un sur l'autre; plusieurs épouses et sœurs tenaient leurs époux ou frères dans les bras, croyant les sauver par ce moyen. Mais ces scènes touchantes n'ont produit aucune impression sur les bourreaux qui ont égorgé quand même les pauvres gens. Dans les rues on a vu les Turcs frapper les Arméniens à la tête avec des haches ou leur donner de grands coups de sabre à droite et à gauche.

Dans les habitations, pendant que le massacre continuait, les armoires et les commodes étaient brisées et on voyait les Turcs emporter tout ce qu'ils trouvaient, ne dédaignant pas même les provisions de bois et de charbon ; on en a vu aussi se disputer la possession des objets de valeur et des assassinats même se sont produits parmi les musulmans par suite des disputes provenant du partage du butin.

On s'est acharné d'une manière toute spéciale contre les notables arméniens et, en effet, on n'en a laissé presque aucun. Le prêtre Der-Krikor, égorgé, a été coupé en plusieurs morceaux ; le notable Vartan Vartanian, qui s'était caché dans une commode, a été tué à coups de hache dans sa cachette dont on ne l'a pas même retiré. Tous les membres de la famille Hartchian, notables négociants, ont été passés au fil de l'épée ; le notable Manouk Aranian, qui s'était réfugié dans la mosquée, après avoir reçu une blessure, a été obligé par le mufti de quitter ce refuge ; à peine sorti, il a été assassiné sur le seuil de la mosquée. La famille Fermanian a perdu huit membres; l'un de ceux-ci, chassé de chez Hadji Timour Bey où il s'était refugié et poursuivi par les domestiques de Timour, s'est donné la mort en se précipitant dans la rivière d'une hauteur de cinquante mètres. Le notable turc Mehmed Ali a assassiné de sa propre main l'Arménien Manuel Psoyan, contre lequel il était aigri depuis longtemps pour cause de concurrence commerciale. Le jeune Baba Makhaniantz, portant vingt blessures, avait été jeté dans une fosse; là, il a dû simuler la mort pendant quelque temps; trois Turcs s'étant aperçu qu'il respirait encore, lui ont lié les pieds et les mains et l'ont traîné jusqu'au bord de la rivière, où le pauvre jeune homme a été abandonné à son sort. Resté seul, il a réussi à détacher les cordes qui le liaient et, se jetant dans l'eau, a essayé de se sauver en nageant; les Turcs des environs, voyant que quelqu'un remuait dans l'eau, ont déchargé des coups de fusil, et ce n'est qu'après avoir échappé aux plus grands dangers qu'il a réussi à se réfugier dans le jardin d'un Turc, où il a expiré après huit jours d'atroces souffrances. Un autre jeune homme, Sissak Aramian, qui avait de graves blessures à la tête, avait été jeté sur une route très fréquentée ; obligé de simuler la mort, il n'a pas bougé jusqu'au soir, malgré la douleur causée par ses blessures et le piétinement des passants ; après le coucher du soleil, profitant enfin de l'obscurité, il se lève, couvre ses blessures avec un morceau de linge, et se refugie à grand'peine dans un grenier ; quelques instants plus tard, deux autres personnes y arrivent. Sont-ce des Arméniens ou des Turcs ? On peut s'imaginer l'anxiété qui l'a torturé jusqu'à ce qu'il ait compris qu'il se trouvait en compagnie d'Arméniens ; on se parle enfin et les trois compagnons se mettent ensemble en route pour Sakrate, où ils arrivent juste au moment où le village était attaqué. C'est là que Sissak et ses compagnons ont perdu la vie, après avoir échappé à tant de dangers...

On peut avancer sans exagérer que tous les habitants mâles du district, à l'exception de ceux en nombre très insignifiant qui ont été assez heureux pour être hébergés et protégés par un ami turc, ont été passés au fil de l'épée; aucune considération n'a arrêté le bras des assassins, dont la férocité ne connaissait pas de limite; il serait impossible d'énumérer un à un les viols et les outrages qui ont été commis; les scènes les plus touchantes ont eu lieu lors des enlèvements; mais il nous répugne d'entrer dans des détails.

Une femme et une jeune fille que les Turcs avaient enlevées et qu'ils conduisaient vers leurs habitations, ont demandé en chemin, tout près d'une rivière, la permission de se désaltérer; cette permission leur a été accordée; profitant alors d'un moment de liberté, elles ont récité à voix basse leur prière et se sont jetées à l'eau.

L'épouse du notable arménien Baba Bodzian, jeune femme d'une beauté remarquable, gisait, quelques heures après l'assassinat de son mari, sous un mur à quelques pas du bâtiment gouvernemental; un Turc s'est approché d'elle et n'ayant pas égard à la gravité des blessures qu'elle portait, l'a outragée!

La pauvre femme a expiré une demi-heure plus tard.

Dans la soirée du 30 octobre, plusieurs jeunes femmes et vierges, accompagnées de quelques hommes, s'étaient réfugiées dans le conak du gouvernement ; une vingtaine de gendarmes qui y étaient également hébergés ont emmené les jeunes Arméniennes dehors et durant toute la nuit ont assouvi sur elles leurs passions immondes.

Tandis que ces faits se passaient dans la ville, des atrocités non moins graves avaient lieu à Sakrate ; dans la soirée de lundi, le bruit du massacre de tous les Arméniens de la ville est arrivé à Sakrate ; on disait que quelques habitants seulement qui avaient embrassé l'islamisme, y avaient échappé ; ce bruit a attisé l'agitation dans les éléments fanatiques et a causé une frayeur générale chez les Arméniens.

Vers le soir, Ibrahim Bey a appelé chez lui les Arméniens et après avoir annoncé qu'une attaque devait se produire le lendemain, s'est déclaré incapable de les protéger. Il leur a demandé de lui remettre leurs troupeaux et leurs biens afin qu'il puisse les faire garder par des amis turcs et kurdes. « Je vous les retournerai, ajoutait-il, si vous échappez au massacre ; dans le cas contraire, vous ne perdez rien, puisque les assaillants s'en seraient sans doute emparé lors des désordres ». Les Arméniens, se conformant à cette proposition ont remis toutes leurs richesses au tyran kurde, après quoi ils se sont retirés dans leurs maisons pour attendre les événements. La nuit a passé dans une grande angoisse; le lendemain mardi 31 octobre, dans la matinée, une grande foule, venant de la ville, s'est présentée aux abords du village. Cette horde a pénétré dans Sakrate avec l'assentiment d'Ibrahim Bey, et alors a eu lieu une tuerie sans nom, avec les procédés les plus barbares. On a pris, pour ainsi dire, d'assaut les habitations; les coups de feu se sont confondus avec l'effondrement des portes et des murs qui cédaient ; les cris des victimes du massacre et du pillage, ainsi que ceux des pauvres femmes violées et outragées étaient entendus de toutes parts.

A Sakrate se sont répétées les mêmes scènes désolantes que dans la ville; deux Turcs, en train de dévaliser un Arménien, entendent crier un enfant en bas-âge, fils de l'homme dévalisé; l'un des forcenés s'approche de l'enfant, et déchargeant son fusil à bout portant, lui fait sauter la cervelle.

Ibrahim Bey a ordonné lui-même à ses domestiques de jeter dans la rue du haut de sa maison le nommé Mardiross Kolssian originaire de Tzeth, contre lequel il nourrissait depuis longtemps une animosité sourde et qui était venu se réfugier chez lui, demandant à cette heure suprême la protection de son ancien ennemi; tombé à terre le pauvre Kolssian se met à fuir malgré ses blessures, mais sur un nouvel ordre d'Ibrahim Bey, vingt coups de fusils sont déchargés sur lui et Kolssian tombe de nouveau, cette fois pour ne plus se relever.

Le lendemain du massacre, Ibrahim Bey a envoyé ses domestiques voir si les cadavres de tous ses ennemis originaires de Tzeth se trouvaient parmi ceux amoncelés dans les rues; ayant appris que quelques-uns de ses ennemis avaient échappé au massacre, il les a fait chercher et a enfin réussi à découvrir leur retraite. Il a alors envoyé ses domestiques exiger la remise de ces Arméniens à ceux chez lesquels ils s'étaient réfugiés; les pauvres sinistrés, ainsi traqués, ont été obligés de s'enfuir, et deux d'entre eux, les nommés Tatéoss Inguilissian et Garabeth Parounakian, poursuivis, ont été tués, le premier aux environs de Tzeth, le second près du mont Haybar.

Le révérend prêtre Der-Haroutioun, desservant de l'église arménienne de Tzeth qui, obligé de quitter son refuge du village de Kouran, était retourné, blessé, à Tzeth, a été tué sur le seuil même de la maison du nommé Bedross Sermoyan, protégé attitré d'Ibrahim Bey, lors d'une visite que ce dernier a faite chez le dit Sermoyan; le corps du prêtre martyr, jeté dans les champs, a été dévoré par des chiens.

Ce même jour, Ibrahim Bey a fait mettre le feu à quelques maisons qui avaient échappé à l'incendie allumé par des mains criminelles lors de l'attaque; il a fait enlever la cloche de l'église arménienne qui servait à inviter les fidèles à la prière, ainsi que la croix, qui était placée sur la porte du sanctuaire.

La férocité d'Ibrahim Bey ne s'est pas même apaisée par l'effet du temps; quinze jours après le massacre il a fait tuer l'Arménien Varoyan, et un mois plus tard l'Arménien Mesrob Koulloyan.

Tant à Sakrate qu'à Tzeth les cadavres des victimes sont restés dans les rues pendant plusieurs semaines. Le soir même du mardi 31 octobre, où le massacre avait eu lieu, les habitants de Sakrate et de Tzeth, qu'on avait réunis devant la porte de la maison d'Ibrahim Bey, ont été arrêtés et conduits à la ville sous surveillance. Moustapha agha, fils de Djehlal Bey, qui avait dévasté avec ses hordes les villages arméniens du Nahié d'Okhou-Supérieur, et converti à l'islamisme une importante partie de leurs habitants par l'emploi de la force et de la pression, arrivait le lendemain à Sakrate et le trouvait à peu près désert; cela a été un grand désappointement pour lui; mais il a trouvé quand même l'occasion de manifester sa cruauté; ayant appris que quelques familles arméniennes, parmi lesquelles les membres des familles Khochmakian, Arpadjian, Bozian, s'étaient réfugiées dans la maison d'Ibrahim bey, il les a obligées sous des menaces de mort de se convertir à l'islamisme; il a tué quelques habitants arméniens dont il avait réussi à découvrir les cachettes.

Dans la ville, trois jours après les massacres, le pillage avait pris fin; les Arméniens, coiffés de turbans et portant des bandages sur leurs blessures, rôdaient dans les rues, pâles comme des spectres; tout le monde se pressait devant les fours où une distribution gratuite de pain était faite de la part des autorités; les employés du gouvernement lançaient les morceaux de pain dans l'air, comme on le fait pour les chiens, et les Arméniens étaient obligés de se bousculer pour les saisir.

Quelques jours après les massacres, les cadavres restés dans les maisons ont commencé à se décomposer; des odeurs nauséabondes empestaient l'air; le commissaire de la police ordonna aux Arméniens d'enlever eux-mêmes les cadavres de leurs frères. Ce fut la plus cruelle des épreuves imposée à ces pauvres gens; on les obligea à traîner les cadavres dans les rues, leurs pieds attachés avec des cordons; les Arméniens révoltés par ce monstrueux outrage, ont refusé de s'y conformer, mais les cravaches des agents de police ont eu bien vite raison de leurs hésitations; battus et maltraités, ils ont dû se courber sous cette nouvelle exigence. Ils réunirent eux-mêmes les cadavres dans une fosse et les y ensevelirent.

Comment relater tous les forfaits qui ont été commis? en voici encore un :

Le commissaire de police, entrant dans l'église de Sourpe-Asdvadzadzine pour faire enlever les cadavres, s'arrête devant un puits pensant que des personnes peuvent s'y être cachées; il en ouvre le couvercle et crie; personne ne répond; il fait alors décharger dans le puits deux coups de fusil; un cri sourd répond; on allonge des cordes dans le puits et on retire un homme, déjà à moitié mort d'inanition; c'est le prêtre Der-Garabedh, l'un des deservants de l'église, qui y a passé trois jours et trois nuits à moitié enseveli dans la boue et souffrant de la faim et de l'humidité. Aussitôt sorti, il tombe aux pieds du commissaire et le prie d'avoir pitié de lui. Le commissaire le lui promet ; mais quelques moments plus tard, sur son ordre, les agents font feu sur le prêtre et celui-ci s'affaisse, expirant, à côté des cadavres.

Des agents ont été envoyés également aux villages pour faire enlever et enterrer les cadavres ; c'est Mehmed Tchavouch, déjà célèbre par ses cruautés, qui a été chargé de cette mission pour Havav ; arrivé au village, il a profité de l'occasion pour mettre le feu à l'église de Sourpe-Asdvadzadzine et à l'école paroissiale, qui était nouvellement construite.

Teyfour Bey, fils de Chérif Bey, l'avait devancé à Havav, dans cette œuvre de destruction ; arrivé aussitôt après le massacre, il avait fait mettre le feu aux habitations de ses ennemis ; regrettant de n'avoir pu arriver à temps pour pouvoir tuer les habitants, il avait ordonné aux Kurdes des environs de ne donner refuge à aucun Arménien et de tuer tous ceux des habitants de Havav qui leur tomberaient entre les mains. Actuellement, il reste à peine une quarantaine de maisons à Havav, mais presque toutes délabrées.

Tous les habitants des villages, à l'exception de deux ou trois, sont restés dans la ville, se nourrissant par mendicité; dernièrement le gouvernement les a obligés à retourner à leurs villages en leur accordant quelques provisions. Les habitants de Havav et de Tzeth, qui n'ont obtenu ces provisions qu'après beaucoup de difficultés, ont été de nouveau pressurés par Ibrahim et par Teyfour, lors de leur retour à leurs villages; ceux-ci ont continué à exiger des rançons arbitraires.

Teyfour Bey a obtenu des habitants de Havav vingt-cinq livres comptant et un bon de cent-cinquante livres, payable en août. Les paysans lui ont abandonné les terrains qu'ils possédaient.

Teyfour est venu habiter le village, agissant ouvertement en vrai tyran avec les habitants; il y fait actuellement démolir et construire selon sa volonté et envoie à son gynécée les femmes et les vierges qui lui plaisent.

TCHENKOUCH

Tchenkouch, 5 février 1896.

Le martyre enduré par les populations arméniennes de Tchenkouch et d'Adige a été des plus navrants. Les femmes ont subi les pires traitements et le ravage a été général; après le pillage du célèbre couvent de Sourpe-Asdvadzadzine qui a été démoli et incendié, on s'est emparé du révérend Minass Amriguian, son supérieur, on l'a emmené dans la mosquée où on l'a converti de force et circoncis par contrainte. Il est actuellement gardé à vue dans la mosquée et on ne le laisse pas même seul les nuits, pendant lesquelles un musulman est chargé de sa surveillance; on défend absolument aux chrétiens et aux convertis supposés suspects de l'approcher. La vie qu'il passe est digne de pitié.

Il se désole d'être privé d'adorer le Christ dans les derniers jours de sa vieillesse; il a prié, en cachette, un Arménien converti comme lui de force, d'écrire à Constantinople pour qu'on trouve le moyen de le sauver de cette lamentable situation.

Toute la population de Tchenkouch et d'Adige, après avoir perdu tant des siens et tous ses biens, se lamente d'être privée depuis environ cinq mois des consolations de sa sainte foi. En effet, depuis le commencement des désordres, les églises arméniennes du district, démolies et ruinées d'ailleurs en grande partie, restent fermées.

Lors des massacres, les Turcs ont tué tous ceux qui ont refusé d'abjurer leur foi. Très peu de personnes, assez heureuses pour pouvoir se cacher, ont pu conserver leur religion. Mais de grands dangers menacent ces dernières, si jamais elles osent quitter leur retraite.

Les habitants de Tchenkouch et d'Adige, vivant dans des transes continuelles, demandent que la sécurité leur soit assurée ou qu'on leur procure les moyens de quitter le pays.

HUSNI-MANSOUR

Husni-Mansour, 22 janvier 1896.

Sur les bruits de projets de massacres de la part des Turcs contre les Arméniens, bruits propagés dans le courant du mois d'octobre 1895, nous nous sommes adressés au gouvernement et nous avons priés le commandant de la gendarmerie du Caza de nous protéger; le commandant et les autres fonctionnaires du Gouvernement nous ont donné l'assurance de défendre les chrétiens en cas de moindre attaque; cette promesse a rassuré les chrétiens, qui ont continué à vaquer à leurs affaires.

Pourtant, le 26 octobre, vers 2 heures à la turque, tandis que, malgré de nouveaux bruits, les Arméniens, confiants dans les assurances données par le gouvernement, s'occupaient dans le marché à leur commerce, les Turcs et les Kurdes, réunis, se sont précipités soudain sur le marché et ont pillé toutes les marchandises qu'ils ont trouvées dans les magasins des Arméniens. Après quoi il se sont portés vers le quartier arménien, qui a été également pillé et où un massacre affreux a eu lieu.

Les troubles ont continué jusqu'à onze heures du soir à la turque, et les pertes d'âmes de cette première journée ont monté à cent cinquante. Lors des troubles, les assaillants criaient sans cesse : « Acceptez la religion musulmane ou nous vous passerons tous au fil de l'épée. » Et cependant, la soumission à cette invitation ne sauvait la vie à personne. Les gens de quelque notoriété qui déclaraient se convertir à la religion mahométane étaient tués, aussi bien que ceux qui refusaient d'abjurer leur foi.

La férocité était telle chez les assaillants qu'ils ne s'arrêtaient pas même devant la mort ; les cadavres des victimes étaient dépecés à coups de sabre et de hache. Vers onze heures à la turque de cette première journée, au moment où les troubles cessaient un peu, le gouvernement a distribué aux habitants musulmans de la localité 200 fusils Martini, déclarant qu'on ne s'en servirait que pour défendre les chrétiens. Pourtant, le lendemain, à l'aube, une multitude de Kurdes, armés de sabres et de fusils, s'est de nouveau portée vers la ville et a perpétré de nouveaux massacres, dévastant et pillant les maisons qui avaient échappé la veille à leurs attaques. Les victimes de cette seconde journée étaient en grande partie blessées par des cartouches de fusils Martini, ce qui prouve le but préconçu lors de la distribution de ces fusils. Dans cette seconde journée, beaucoup d'attentats à l'honneur des femmes et des jeunes filles ont également eu lieu, et on a mis le feu à plusieurs habitations qui ont été réduites en cendres.

Ces troubles ont duré trois jours. Dans la quatrième journée, les soldats de réserve ont été appelés sous les armes et les massacres ont cessé. Tous les notables de la ville ont perdu la vie. Les gens du peuple qui ont échappé à la mort, des femmes et des enfants pour la plupart, ont été conduits dans un caravansérail appartenant à l'église arménienne; ils y ont été emprisonnés pendant six jours, ne recevant qu'une très minime quantité de nourriture. Ce n'est que le septième jour qu'on les a laissés libres.

Depuis ce temps, cette population, privée de tous ses biens, vit dans une misère complète et pleure les victimes de ces atrocités, dont le nombre monte, pour Husni-Manspur seulement, à 617.

En même temps que les habitations privées, les églises arméniennes ont aussi été dévastées et pillées. Les assaillants ont démoli les autels, enlevé les marbres et même les grillages en fer des fenêtres. Aveuglés par le fanatisme, ils ont continué à profaner les églises, même après les journées de massacres; prétendant qu'on y avait caché des fusils, ils ont fait exécuter plusieurs fouilles en faisant creuser le sol, mais rien n'a été trouvé. L'un des desservants de l'église arménienne, le prêtre Der-Hovaguime Der-

Kévorkian, a été emprisonné pendant quatre jours, et on lui a infligé de cruelles tortures, l'invitant à désigner les endroits où des armes seraient cachées. Les Arméniens, qui, durant tous ces troubles, n'ont déchargé pas même un coup de pistolet, n'avaient caché aucune arme. Aussi le prêtre n'a pu rien dénoncer et les Turcs, las de torturer, l'ont laissé libre.

Actuellement, une partie de la population arménienne de Husni-Mansour se trouve convertie à l'islamisme; le reste est invité journellement à embrasser la religion musulmane sous la menace de nouveaux massacres, s'il s'obstine à rester chrétien. Les églises arméniennes, dépouillées de leurs richesses, sont converties en mosquées. Le désespoir auquel est livré la population arménienne est vraiment inénarrable.

Les principaux instigateurs des troubles étaient Cheikh Agha Hadji-Mollazadé, le Mufti de Husni-Mansour et Mohsin-Saadoullah-Zadé.

SIVAS

Sivas, 2 décembre 1895.

Mon cher enfant,

Je t'ai déjà écrit que le mardi, 12 novembre, il y a eu un massacre effroyable dans notre ville. C'était vers midi que le massacre commença. Les Turcs, ayant la soif du pillage avant tout, se ruèrent d'abord dans le marché, assassinèrent un grand nombre d'Arméniens à coups de couteau, de grosses triques, de revolver. Un peu plus tard, ils furent rejoints par la troupe régulière et les gendarmes, qui aidèrent la foule avec leurs fusils à tuer les Arméniens.

Tout en massacrant, ils pillaient le marché; il n'y avait plus dans la ville un seul endroit sûr pour les Arméniens. Les Turcs couraient par les rues, les armes à la main, ils frappaient tous les Arméniens qu'ils rencontraient, hommes, femmes, enfants. Ils brisaient même les portes de fer des *hans*, enlevaient toutes les marchandises et les emmenaient chez eux dans des charrettes.

Ceux seuls des Arméniens échappèrent à la mort qui se cachèrent dans des coins introuvables des maisons ou des caves, dans les greniers, sous les toits. Les Turcs pénétrèrent dans les maisons, tuèrent les femmes, les enfants, enlevèrent les meubles et tout ce qu'ils trouvèrent, ne laissant pas même une aiguille. Cela dura ce jour-là jusqu'au soir.

Le lendemain, ils revinrent au marché et dans les maisons, pour enlever tout ce qu'ils n'avaient pas eu le temps de prendre la veille; ils pillèrent, ce jour-là aussi, jusqu'au soir.

Jeudi, le massacre recommença dès le matin. Rien qu'en ce jour, il y eut plus de 200 Arméniens de tués; on pénétra dans toutes les maisons; les 2,000 boutiques et les 12 *hans* du marché, qui presque tous appartiennent aux Arméniens, furent totalement pillés.

On a cassé les coffres-forts dans les *hans*, enlevé l'argent et les valeurs. On a eu soin de faire disparaître les livres de comptes et tous les papiers.

Ils n'ont reculé devant aucune des formes horribles de la tuerie; chacun des cadavres est troué de plusieurs balles, déchiré de coups d'épée et de hache; on a attaché les pieds de quelques-uns avec des cordes, et après les avoir traînés dans les rues, comme des chiens crevés, on les a jetés dans les fossés, dans les ruisseaux. Tous les cadavres sont nus.

Il y avait 450 cadavres dans le cimetière, où la municipalité a eu soin de les faire transporter la nuit dans des charrettes. On a éventré toutes les femmes enceintes. On a tué un fonctionnaire arménien au Palais de Justice.

Il est bien clair que ce massacre était d'avance préparé et ordonné, car il commença au même moment dans toutes les parties de la ville; seuls, les paysans turcs qui arrivaient des villages avec leurs charrettes chargées de foin coupé ignoraient la chose; mais, dès qu'ils en eurent connaissance, ils y prirent part et retournèrent chez eux, leurs charrettes remplies de butin.

La foule n'ayant pu briser les portes de fer du nouveau *han* par les coups de hache et de pistolet, les réguliers et les gendarmes vinrent à son aide et réussirent à ouvrir un grand trou avec des coups de fusil, puis l'élargirent par des coups de hache, ouvrirent la porte, et on a pu piller le *han*.

Pour les maisons, il était plus facile d'y pénétrer. 40, 50 Turcs à la fois se ruaient sur une porte, la brisaient, entraient dans la maison en criant férocement : « Allah ! Allah ! Mort aux Chrétiens ! »

La plupart de nos amis sont ou tués ou pillés; la misère est grande; ceux qui ont échappé à la mort n'ont rien, *ni argent*, *ni vêtements*, *ni même un lit pour se coucher*.

Dans les villes et dans les villages environnants, les Arméniens sont devenus pauvres comme des mendiants. On vit, de plus, dans la peur ; on n'a pas de sûreté. On ne sait si cela ne va pas recommencer.

Chacun de ceux qui ont échappé à la mort

a une histoire à raconter; toutes sont plus horribles les unes que les autres. Quelques-uns, se fiant à des Turcs qui avaient été leurs amis, sont allés les supplier de les abriter chez eux : ils ont été lâchement assassinés. L'un de nos amis, N..., s'est réfugié chez son voisin, son ami, un Turc; celui-ci le tua avec d'horribles tortures, en lui coupant le nez, les oreilles d'abord, puis lui crevant les yeux.

Il y en a qui se sont sauvés en donnant de 20 à 40 livres.

Notre ville est une ruine maintenant. Il n'y a plus de marché ; personne ne travaille plus ; on a pris même les outils aux ouvriers ; il n'y a plus ni marchand, ni épicier, ni rien. Tout le monde est pauvre. On est sans affaires, sans pain, sans argent, et l'on attend dans la terreur. Les églises et les écoles sont fermées. Et ce qui est plus affreux, c'est qu'il devient difficile de se procurer de quoi manger; les Turcs, qui ont tout pris, nous vendent maintenant, pour 40 piastres, ce qui ne vaut que 10 piastres.

Nous sommes dans une situation effroyable !

CÉSARÉE

Césarée, 26 novembre 1895.

Le 13 novembre courant, vers neuf heures à la turque, tandis que la population commerçante arménienne vaquait paisiblement à ses affaires, la populace turque, formant une horde de plusieurs milliers de personnes, a soudain attaqué le marché, où elle s'est livrée au pillage et à une tuerie féroce.

Les Arméniens, surpris par cette attaque, ont voulu s'enfuir, sans même s'occuper de fermer leurs boutiques; mais la fuite était impossible; les Turcs s'étant mis dès le premier moment à tuer et blesser tous ceux qu'ils rencontraient, une partie des commerçants arméniens du marché s'est réfugiée dans les caravansérails Vésir-Han et

Yéni-Han, ainsi que dans quelques magasins, d'une construction solide, où elle est restée pendant longtemps, craignant à chaque moment un assaut de la part de la horde; mais tous ceux qui ont essayé de rejoindre leurs foyers ont été cruellement tués ou blessés.

En même temps que le marché, les Turcs ont attaqué les quartiers arméniens, où des crimes atroces ont été commis. La populace turque a essayé aussi de pénétrer dans le bain public appelé « soleddin », où plus de 200 femmes et enfants arméniens se trouvaient réunis; c'est grâce à l'arrivée à temps du Mutessarif que l'attaque a été prévenue; Son Excellence, faisant sortir les femmes et enfants du bain, les a remis à la cathédrale arménienne qui est située à proximité; quatre personnes, parmi celles se trouvant au bain, avaient été déjà blessées avant l'arrivée du Mutessarif.

Pendant ce temps, l'incendie, le pillage et le massacre continuaient tant dans le marché que dans les quartiers arméniens; vers cinq heures à la turque, les Arméniens qui s'étaient réfugiés dans les magasins et dans les *hans* ont été envoyés chez eux par les fonctionnaires du gouvernement, qui les faisaient accompagner de patrouilles de soldats. En même temps que ces mesures étaient prises, les coups de pistolets et les bruits de la horde cessaient; mais l'incendie, le pillage et le massacre ont continué dans les quartiers excentriques, où plusieurs maisons ont été complètement pillées, quelques-unes démolies et d'autres réduites en cendres; 12 jeunes filles ont été enlevées; on en a retourné dix à leurs familles deux jours après leur enlèvement; mais les deux autres restent disparues jusqu'à ce jour.

Ce qu'il y a de vraiment ignoble, c'est que nous avons vu des femmes turques qui aidaient leurs maris ou frères dans le pillage. Ces femmes renommées si pudiques, qui cachent ordinairement leur visage sous des voiles et qui ont peur de se montrer aux hommes, allaient et venaient dans les rues, le visage découvert, sans peur ni pudeur, et, loin d'avoir les sentiments de pitié qui sont l'apanage de leur sexe, transportaient avec joie les objets enlevés par leurs hommes.

Dimanche a passé sans incident; dans les quartiers arméniens, qui avaient pris l'aspect d'une ville morte, un silence morne régnait.

Lundi, 20 novembre, à l'aube, des coups de pistolet, accompagnés d'un tapage infernal, ont de nouveau retenti; les quartiers arméniens ont subi une nouvelle attaque; la horde a essayé d'entrer dans la cathédrale arménienne, où trois cents femmes et enfants s'étaient réfugiés; les assaillants attaquaient à coups de hache les portes de l'église, ce qui causait un affolement indescriptible parmi les réfugiés, qui poussaient des cris de détresse, pleuraient, gémissaient, priaient à haute voix, suppliaient Dieu de leur venir en aide. Dehors, la foule criait furieusement, menaçait de mort ceux qui étaient à l'intérieur, tâchait toujours de briser les portes. Le métropolitain, désespéré, pria les prêtres de donner la sainte communion à tous ceux qui étaient là et qui devaient mourir. La cérémonie commença, bien triste C'était une préparation à la mort. Heureusement la force armée vint disperser la foule des assaillants et sauva les réfugiés.

Le nombre des maisons saccagées monte à 400; plusieurs d'entre elles ont été complètement dépouillées de tout ce qu'elles contenaient. Dans le marché, 250 magasins appartenant à des Arméniens ont été pillés. Les pertes matérielles, tant dans les quartiers que dans le marché, dépassent sans doute 25,000 L. Tqs.; les maisons incendiées sont au nombre de 24, dont six ont été complètement réduites en cendres et le reste brûlé en partie; 13 personnes, hommes et femmes, qui se trouvaient dans deux de ces maisons, ont été la proie des flammes.

Le nombre des personnes plus ou moins grièvement blessées monte à deux cents; le comité arménien de secours a fait le nécessaire pour leur procurer des soins médicaux.

Le nombre des massacrés arméniens, arméniens-catholiques et arméniens-protestants, monte à 340; parmi les blessés, plusieurs ont succombé ou se trouvent mourants.

Cinq cents familles, composées de 2,000

personnes, vivent dans un dénûment complet; tout leur manque : habits, nourriture et jusqu'aux lits et couvertures. Les ressources locales sont absolument insuffisantes pour subvenir à tous les besoins, et, si des secours ne nous parviennent pas, la famine commencera à régner bientôt.

Et au milieu de notre misère, nous avons la douleur de voir nos bourreaux enrichis de nos biens, s'amuser et faire le *Kief* avec notre argent. Dans les villages environnant notre ville, les soldats emploient, pour leurs achats, les pièces d'or que nos femmes portaient cousues sur leurs cheveux!

MARACHE

Marache, le 27 décembre 1895.

Par suite des événements horribles dont notre ville a été le théâtre, plus de deux mille Arméniens grégoriens se trouvent dans le dénûment le plus complet; le nombre des victimes des massacres (Arméniens grégoriens, Arméniens catholiques et Arméniens protestants) s'élève à 850 et celui des blessés à plus de 500, dont plusieurs dans un état désespéré; quoique les blessés soient transférés aux hôpitaux du gouvernement, le manque de soins est tel que plusieurs d'entre eux ont succombé à cause de l'insuffisance du traitement et l'insouciance des fonctionnaires ayant le devoir de leur venir en aide.

Les habitations des Arméniens ayant été incendiées et démolies en partie, et tous leurs biens, argent, meubles, céréales et jusqu'aux provisions de charbon et de bois de chauffage ayant été pillés et emportés, les malheureux sinistrés se trouvent absolument dépourvus de toute ressource. Pourtant, la population arménienne de Marache, en dehors de ses propres besoins, se trouve aussi obligée de pourvoir aux besoins de cinq cents femmes et enfants environ, dont les hordes se sont emparées lors des méfaits qu'elles ont commis dans la campagne; conduits ici comme des esclaves, ces malheureux n'échapperont pas à la mort, si l'on ne les soutient pas. Il est impossible de narrer tout ce que ces pauvres femmes et enfants ont souffert pendant le voyage; plusieurs d'entre eux ont succombé aux souffrances; et d'autres ont subi les pires traitements et même les derniers outrages.

Des six églises arméniennes de Marache, les églises de Sourpe-Garabed et de Sourpe-Serkiss ont été totalement incendiées, ainsi que l'école attenante à l'église de Sourpe-Serkiss; l'église de Sourpe-Asdvadzadzine étant construite en pierre, les assaillant n'ont par pu incendier; mais ils en ont démoli l'autel, emporté les objets de culte et profané les sanctuaires; l'église de Sourpe-Stépannos a été convertie en hôpital militaire; l'église de Sourpe-Manouk seule se trouve indemne: les six églises susmentionnées possédaient douze desservants dont nous résumons la situation actuelle comme suit :

1. — L'archiprêtre Der-Hovhannès Varjabédian, métropolitain ad intérim, ayant été obligé de sauter d'une hauteur de dix pieds pendant l'incendie de sa maison, s'est cassé la jambe et se trouve actuellement alité, dans un état grave.

2. — Der-Ghévonth Der-Nahabethian, emprisonné et horriblement torturé.

3. — Der-Vartan Der-Minassian, emprisonné.

4. — Der-Hovhannès Tokhoumloukian, mort subitement par la douleur qu'il a éprouvée à la vue de l'assassinat de ses quatre fils.

5. — Der-Kévork Zarpanadjian, égorgé en même temps que son fils.

6. — Der Zacharia Saatdjian, égorgé;

toute sa famille a aussi été passée au fil de l'épée.

7. — Der Madthéos, tué en même temps que son fils et dix-sept autres Arméniens, avec lesquels il s'était réfugié dans une maison.

8. — Der Arsène Avakian, tué à coups de hache, au milieu d'insupportables tortures.

Les autres prêtres n'osent plus s'aventurer au dehors; aussi les églises continuent-elles à rester fermées; la messe n'est plus célébrée et les morts sont ensevelis sans cérémonie religieuse.

Le nombre des prisonniers de Marache dépasse trois cents et augmente de jour en jour; tous les notables de la ville se trouvent dans les cachots; il y a des familles dont aucun membre n'a été laissé en liberté; le régime des prisons est absolument barbare, et les détenus reçoivent chaque jour la bastonnade. Les emprisonnements susmentionnés proviennent du refus opposé par les Arméniens aux ouvertures du gouvernement, qui désirait leur faire signer une pétition déclarant que les Arméniens ayant projeté de massacrer les musulmans, la responsabilité des troubles leur incombait uniquement.

En dehors de la ville, les maisons de campagne, les jardins potagers, les vignes et les vergers des habitants arméniens de Marache ont aussi été ravagés et incendiés ; tout leur bétail a été emporté ; les assaillants n'ont ainsi laissé aucune trace de l'ancienne opulence des Arméniens de cette ville.

Ajoutons encore que les hordes et la populace n'ont pas même épargné le cimetière arménien ; elles ont emporté les pierres tombales, démoli les sépulcres, arraché les oliviers et autres arbres et, enfin, changé le cimetière en dépôt d'ordures.

ORFA

LETTRE A M. X. A PARIS

Monsieur,

J'ai écrit ce récit des massacres d'Orfa dans la prison de*** où je me trouve depuis un mois. J'ai eu beaucoup de peine à l'écrire en cachette, la nuit, sans être attrapé par les gardiens.

Mon seul but a été, en écrivant ces pages, de faire connaître aux Européens ces événements qui doivent leur être inconnus et qui leur sembleront incroyables. Je vous prie de traduire ce récit en français et de l'envoyer à Madame Séverine, à la rédaction de l'*Echo de Paris,* à M. Rochefort, à M. Clemenceau, à M. Jules Simon, à tous les esprits indépendants et à tous les braves cœurs, pour qu'ils secouent par un appel éloquent l'indifférence du peuple français et le poussent à venir au secours de notre peuple odieusement martyrisé.

Récit d'un prisonnier.

Prison de *** 31 janvier 1896.

Le 15 octobre 1895, le dimanche, vers onze heures, nous avons appris que le banquier arménien Boghos avait reçu cinq coups de poignard, dans la rue de la cathédrale, d'un Turc nommé Birédjikli et de ses trois camarades. Un groupe de jeunes Arméniens réussit à arrêter Birédjikli et l'emmène au corps de garde se trouvant en face de la cathédrale; les trois autres prennent la fuite. Le banquier Boghos expire au bout d'un quart d'heure; plus tard, il fut connu que Birédjikli avait commis ce crime, poussé par un capitaine. Les soldats du corps de garde tuent l'assassin à coups de baïonnette, et transportent son corps au palais du gouvernement, et disent au mutessarif (sous-gouverneur) qu'ils avaient arraché ce cadavre aux mains des Ghiaours. Ce jour-là la ville se trouva sens dessus dessous jusqu'au soir; les musulmans criaient partout qu'ils allaient massacrer les Arméniens comme les Turcs de Marache l'avaient fait...

Le soir, vers minuit, une vingtaine de coups de fusil se firent entendre; au bout d'une demi heure nous avons entendu quinze coups de fusil encore. Le lendemain matin, les Turcs disaient partout que les Arméniens avaient essayé cette nuit-là d'attaquer les quartiers musulmans, mais qu'ils n'avaient pas réussi; Le gendarme Habgar avoua que les coups avaient été tirés par les Turcs, mais qu'on allait les attribuer aux Arméniens; ils avaient de suite télégraphié à la S. Porte que les Arméniens avaient démoli une mosquée et massacré un millier de musulmans, afin que le gouvernement leur envoyât l'ordre de massacrer les Arméniens.

Lundi matin, les Turcs allèrent au marché et se mirent à battre les Arméniens : ceux-ci fermèrent les boutiques et se hâtèrent de rentrer chez eux. Les Turcs brisèrent les portes des magasins d'armes, enlevèrent tout ce qu'ils y trouvèrent, en criant : « Nous allons massacrer les Arméniens avec ces armes. » Ils commencèrent par piller une quinzaine de boutiques. La police, loin de les retenir, les encourageait. Bientôt tous les magasins des Arméniens furent pillés. Les soldats prenaient la meilleure part des marchandises et de l'argent, et laissaient le reste à la foule. Ils étaient en nombre considérable, et ils enlevaient tout sans scrupule : ils brisaient les portes des magasins avec des pelles, en criant : « Gloire à Mahomet ! » Il y avait même parmi eux des femmes, qui frappaient des *tefs* en sautant, comme si elles étaient à une fête de noces.

Je regardais ce spectacle épouvantable par la fenêtre d'un hôtel, lorsque je vis Hassan pacha, qui, debout au milieu de la foule, s'écriait : « Allons, mes enfants ! vous avez quarante-huit heures de temps, égorgez tous les Ghiaours de ces quartiers-là, et toutes ces richesses seront à vous. » La foule resta sourde à cet ordre et continua le pillage. Un capitaine s'approcha de Hassan pacha, et après avoir conféré avec lui quelques instants, donna l'ordre aux soldats qui l'accompagnaient de disperser la foule. « Allez, cria-t-il, allez au quartier des Ghiaours, massacrez-les, et prenez leurs biens. » A la fin, les soldats forcèrent la foule, à coups de baïonnette et de crosse de fusil, à sortir du marché; ils allèrent tous au quartier des Arméniens. Un grand bruit annonça leur arrivée; ils criaient toujours: « Gloire à Mahomet! » et les femmes les accompagnaient au son du *tef*. Le pillage avait duré de 10 heures du matin à 2 heures de l'après midi; de 2 à 4 heures, ils attaquèrent les quartiers; ils commencèrent par briser à coups de pelle les portes des maisons qui se trouvaient à l'écart, égorgèrent les hommes qui étaient dans les maisons et enlevèrent les vivres et les meubles. Mais au centre du quartier, les maisons des Arméniens étant rassemblées au nombre de 4.000, les habitants réussirent à repousser la foule et même les soldats. Les monstres, furieux de leur insuccès, retournèrent avec des cris de rage au marché et continuèrent à piller les magasins; 200 magasins seuls avaient échappé ce jour-là au pillage; tous les autres, au nombre de 1700, furent entièrement vidés, ainsi que 300 maisons. Il y eut 120 morts et 40 blessés parmi les Arméniens, 4 morts et 60 blessés parmi les Musulmans; ceux-ci s'étaient blessés eux-mêmes les uns les autres en se disputant pendant le pillage. Le soir arriva; et ce fut l'obscurité qui mit fin au pillage. Les Arméniens veillèrent cette nuit dans l'épouvante, tandis que les Turcs, heureux de leur journée, dormirent de leur meilleur sommeil.

Mais la rage des assassins n'était pas encore apaisée. Pendant la nuit, nous aperçûmes, par une petite fenêtre de l'hôtel, un capitaine accompagné d'un groupe de soldats, qui amenaient le pharmacien Melkon avec deux autres Arméniens. Ils se dirigèrent vers le palais du gouvernement; et cinq minutes étaient à peine passées que nous entendîmes 4-5 coups de fusil, et des Turcs crièrent dans la rue : « Les soldats ont tué trois Ghiaours. » Comme le pharmacien Melkon avait constaté il y a deux jours que le Birédjikli était mort de coups de baïonnette, on avait pensé à faire disparaître cet homme dangereux; on avait envoyé des soldats chez lui, qui lui avaient dit : « Viens, le vali est malade, il a besoin de toi. » Les deux amis avaient soupçonné un piège et avaient voulu l'accompagner; ils furent victimes de leur dévouement. Tous les trois furent tués; on attacha leurs pieds avec une corde et on les jeta dans le précipice nommé Karakoïne, qui a une profondeur de 300 mètres et où l'on jette des ordures.

Hélas! ils n'étaient pas encore assouvis. Mardi, le gouvernement assembla tous les brigands, les Kurdes et les Fellahs, leur distribua des armes de toute sorte, des fusils, des sabres, et même des pelles, et les envoya tous vers le quartier des Arméniens. En vain, les nôtres criaient, suppliaient : « Nous sommes les sujets fidèles du gouvernement; nous payons toujours nos impôts; épargnez-nous! » Cette horde de bandits, la plupart presque nus ou en haillons sordides, précédés par les réguliers, se dirigea vers les maisons arméniennes; ils s'efforcèrent jusqu'à 11 heures du soir à entrer au sein du quartier, mais ne réussiront pas, les Arméniens s'y trouvant en grand nombre et résistant très courageusement, d'autant plus que ces lâches voulaient toujours tuer et piller sans risquer leur peau. Il y eut une dépense inutile de cartouches en grande quantité; ils n'avaient réussi qu'à piller 150 maisons et tuer 20 Arméniens; parmi eux, il y avait 5 morts. Ils s'en allèrent encore, très furieux de leur insuccès.

Ils comprirent alors qu'il leur serait impossible d'atteindre leur but, puisque les Arméniens avaient des armes. Ils songèrent à recourir à d'autres moyens. Ils firent bloquer tout le quartier arménien par des soldats, et empêchèrent l'entrée des vivres et même de l'orge et de la paille. Ils avaient déjà tué les Arméniens sassouniotes qui travaillaient dans les boulangeries ou dans les moulins d'eau près de la ville; ils avaient enlevé leurs femmes et leurs filles et les avaient amenées toutes nues à la caserne; après les avoir souillées et suppliciées pendant cinq jours, ils les avaient renvoyées chez elles. Ils étaient tous convaincus que tuer ou torturer un Ghiaour est l'acte le plus agréable Allah, que la vie, l'argent et l'honneur des Arméniens leur appartenaient; la plupart s'écriaient en pleine rue : « Si nous ne supprimons pas ces Ghiaours, nous n'aurons jamais le Paradis. »

Le mercredi, le gouvernement manda les notables arméniens et les mit en prison; on leur dit : « Vous avez un comité révolutionnaire, désignez-nous quels sont les membres; vous avez 1800 fusils de Martini, livrez-les. » Les nôtres répondirent qu'ils n'avaient que leurs armes ordinaires. Hassan pacha et le mutessarif vinrent en prison et demandèrent aux notables des sommes énormes sous menace de les faire pendre s'ils refusaient. Les pauvres gens donnèrent tout ce qu'ils avaient et empruntèrent même à d'autres des milliers de livres pour donner à ces brigands avides; ils n'en continuèrent pas moins à rester en prison, où ils sont encore.

Puis, on manda les prêtres et on leur dit : « Livrez-nous vos fusils, pour que nous permettions aux vôtres d'aller au marché et de vaquer à leurs affaires. » Les prêtres répondiront de la même façon que les notables. Alors, les soldats montèrent quelques canons avec une centaine de boulets sur la colline dominant le quartier arménien, et ils menacèrent de le mitrailler si les fusils n'étaient pas livrés; les Arméniens répondirent encore qu'ils n'avaient que des armes ordinaires. « Apportez-les », leur fut-il dit. « Nous avons peur, répondirent les Arméniens; le massacre peut recommencer; ne faut-il pas que dans ce cas nous ayons au moins quelques armes pour nous défendre? » Le mutessarif les rassura : « Si vous livrez toutes vos armes, je vous promets de vous protéger, soyez sûrs. » Notre pauvre peuple se laissa duper avec une naïveté de mouton; quelques Arméniens se mirent à aller de maison en maison ramasser les armes qu'ils livrèrent au gouvernement. « Vous devez en avoir encore, apportez-les toutes », leur dit le mutessarif; les prêtres furent envoyés dans les maisons pour faire jurer tous les habitants sur l'Évangile qu'il ne restait plus chez eux aucune arme, pas même un couteau de cuisine. De cette sorte, on ramassa toutes les armes; après quoi les prêtres allèrent au palais du gouvernement et déclarèrent par serment qu'il n'y avait plus d'armes auprès des Arméniens.

Le 21 novembre, nous entendîmes plus de 20 coups de fusil; cela nous effraya profondément. Peu après, le Turc Emin, originaire d'Aintab, qui est l'ami du capitaine d'infanterie, vint chez nous et nous raconta qu'on a menacé l'Arménien Toross de le tuer avec sa famille, et qu'il a sauvé les siens en payant deux mille livres au capitaine; et lui-même a obtenu la grâce d'être mis en prison au lieu d'être égorgé.

Les soldats entrèrent dans la plupart des maisons, creusèrent la cour, les caves, fouillèrent les tombeaux de la cour de l'église, dans l'espoir de trouver des fusils cachés; ils n'en trouvèrent pas un seul. La nuit, s'ils voyaient briller une lumière aux fenêtres, les soldats y visaient avec leurs fusils et tiraient.

Pendant 48 jours (du 16 octobre au 2 décembre) les Arméniens restèrent dans un véritable état de siège. Le 3 décembre, l'interdiction fut levée et on donna l'ordre aux

Arméniens de reprendre leurs affaires au marché. Ceux qui osèrent aller voir leurs magasins ou boutiques, s'en retournèrent plus consternés que jamais en les voyant pillés et ravagés. Les soldats avaient vidé, pendant les jours de siège, les magasins qui étaient restés intacts pendant le massacre. Les Turcs ne voulaient plus maintenant payer leurs dettes aux Arméniens, mais ils les forçaient, malgré qu'ils fussent pillés, à payer les leurs; et s'ils n'avaient plus rien, ils leur prenaient les habits qu'ils portaient, ainsi que ceux de leurs femmes et de leurs enfants. Les Arméniens, désespérés, ne désiraient plus que la mort. Les Musulmans étaient allés en foule hors de la ville tenir un conseil entre eux et avaient décidé de réaliser cette fois leurs désirs féroces d'une façon complète, puisque les Arméniens n'avaient plus aucune espèce d'armes. Le samedi 16 décembre, le bruit court que les Musulmans attaqueront les Arméniens; les prêtres et les notables s'adressent au gouvernement, et demandent l'exécution de la promesse de protection. Le mutessarif les renvoie en leur disant : « Allez, ne craignez rien, je vais envoyer des soldats dans votre quartier pour vous protéger. »

Il envoya en effet 3000 réguliers et 1500 soldats de la troupe *hamidié* qui allèrent bloquer le quartier des Arméniens; mille d'entre eux pénétrèrent dans le quartier, montèrent sur les toits, se préparèrent à l'attaque; ils criaient à ceux qui passaient par les rues : « Allez au palais du gouvernement, on y distribue des armes. » Le peuple suivait leur conseil; un grand nombre de malfaiteurs et de voleurs coururent avec joie vers le palais; et une demi-heure était à peine passée qu'une foule énorme armée de pistolets et de pelles se ruait dans les quartiers au son des *tefs* et au cri de « Gloire à Mahomet ». On commença à attaquer les maisons avec une rage féroce, que les soldats excitaient au son de la trompette.

Les Arméniens ne savaient que faire; ils n'avaient plus même un canif pour se défendre; ils pleuraient, ils se cachaient aux coins des maisons; ils suppliaient Dieu de les avoir en pitié. Les Turcs commencèrent à briser les portes à coups de pelles et entrer dans les maisons. Ils égorgeaient, ils mettaient en pièces tous ceux qu'ils rencontraient, jeunes ou vieux, hommes ou femmes; ils tuaient surtout les riches avec toute leur famille. Les monstruosités et les ignominies qu'ils commirent sont innombrables et indescriptibles: ils souillèrent un grand nombre de femmes et de jeunes filles sous les yeux de leurs pères et de leurs maris, puis ils leur coupèrent les mamelles, les écartelèrent et les tuèrent après de longues et intolérables tortures; par un raffinement de cruauté, ils égorgèrent les enfants avant les parents; ils se délectèrent à écouter les supplications de ceux qu'ils torturaient et qui demandaient d'être achevés tout de suite; il y eut même des brutes qui assouvirent leurs passions sur le corps inanimé de vierges qui s'étaient donné la mort pour se soustraire à l'outrage. Les Arméniens tentaient bien de résister, mais leurs efforts étaient très faibles contre ce torrent d'ennemis qui les assaillaient de partout. Ces efforts ne servirent qu'à prolonger l'attaque, d'autant plus que les Arméniens étant en grand nombre, les

Musulmans, malgré leur énorme multitude, durent mettre beaucoup de temps pour les massacrer.

La tuerie ne cessa que par l'arrivée de la nuit.

Les soldats restèrent dans le quartier pour continuer le siège des maisons, mais la foule, fatiguée et repue, se retira. On a vu pendant la nuit ces monstres se promener dans la ville tout ensanglantés, emportant avec eux leur riche butin que la plupart avaient même chargé sur le dos des chevaux et des ânes ravis aux Arméniens. Des centaines de vierges et de femmes arméniennes furent salies cette nuit là dans les couches des musulmans.

Dimanche matin, au point du jour, on entendit de nouveau le son de la trompette, et la foule, retournant au quartier des Arméniens, recommença le massacre; ce jour-là encore, le sang coula en torrents, rougit les maisons et les rues; et de nulle part, aucun secours, aucune pitié ne vint adoucir le martyre de nos frères.

Des mères tombaient aux pieds des assassins

qui se ruaient sur leurs enfants, leurs sœurs, leurs frères et leurs maris, jetaient devant eux tout l'or qu'elles avaient, les suppliaien, de prendre tout ce qu'elles possédaientt mais d'épargner leur vie; les pauvres femmes étaient broyées sous les pieds de ces brutes marchant sur leurs corps pour aller égorger leurs familles qu'elles avaient voulu sauver.

A midi, la foule arriva devant la cathédrale, où des Arméniens au nombre de 3.000 s'étaient réfugiés. Les musulmans parvinrent, au bout d'une demi-heure, à briser les portes et se précipitèrent dedans; en voyant que le nombre des réfugiés étaient bien grand, ils comprirent qu'il leur fallait perdre beaucoup de temps à les tuer un à un; les réfugiés étaient en effet tellement entassés dans l'église qu'ils s'écrasaient, et des enfants étaient morts déjà de suffocation. Il y avait dans la cour de l'église une cinquantaine de caisses de pétrole; les Turcs, en les voyant, eurent une idée terrible, ils versèrent du pétrole dans l'église, puis y mirent le feu; dans peu, les 3.000 malheureux furent brûlés; ceux qui tentèrent de s'enfuir furent cruellement égorgés par la foule. De tout ce monde un seul homme a pu se sauver, blessé en plusieurs endroits, se tenant caché pendant trois jours sous un tas de cadavres.

L'archevêque Khorène Mékhitarian, le métropolitain de la ville, avait assisté, monté sur le toit de sa maison, à cette scène horrible, il en fut tellement ému qu'il se mit à pleurer; il se retira, désespéré, dans sa chambre, se coupa les artères, et, trempant une plume dans son sang, il écrivit une lettre au Mutessarif dans les termes suivants: « Puisque vous avez détruit mon peuple, moi, son pasteur, je n'ai plus aucune raison pour lui survivre; je veux aller le rejoindre. C'est toi qui es la cause de ces violences et de ces coulées de sang; et puisqu'il n'y a personne dans ce monde qui veuille défendre mon peuple, je le confie à Dieu qui est le protecteur des innocents. » L'archevêque est aimé et respecté même par les Turcs en sa qualité de brave homme et d'érudit; le mutessarif se trouble en lisant cette lettre; poussé par quelques notables turcs, il envoie tout de suite quelques médecins chez l'archevêque; ils arrivent à temps, ils le soignent et le sauvent de la mort. Il vit encore, bien que très affaibli, et il se maudit d'avoir survécu à son peuple.

Les Turcs poursuivirent leurs méfaits jusqu'au soir; ils n'épargnèrent personne, ils pillèrent toutes les maisons et les églises, ils tuèrent presque tous les Arméniens, ne laissant que des enfants et des vieilles femmes, qui, demi-nus, défigurés d'avoir pleuré et gémi, erraient en haillons sanglants; on les abrita plus tard dans les mosquées et la caserne. Le cynisme fut poussé à son extrême limite. Le sergent Mehmed, qui était envoyé chez l'archevêque Mekhitarian, pour défendre sa maison contre les attaques de la foule, viola les vierges qui s'y étaient réfugiées.

Le nombre des morts doit monter à 10.000. Les survivants, affreusement blessés, mutilés, meurent 25—30 par jour. Les Juifs, qui avaient enlevé ce que les Turcs avaient laissé du butin, reçurent l'ordre d'enterrer les corps des Arméniens; ils en emplirent trois citernes dans le quartier Tilfidour.

Il ne reste plus rien, ni peuple, ni pasteur; des huit prêtres, un seul reste vivant; le vicaire protestant a été coupé en morceaux; les survivants sont dans une misère extrême, et les bourreaux ne sont pas encore assouvis. On a entendu les soldats dire qu'il fallait encore six heures de massacre pour avoir exécuté l'ordre du Sultan en toute exactitude, et que pour obéir à l'ordre sacré ils pensaient massacrer les blessés.

J'étais de passage dans cette ville pour une affaire, et c'est ainsi que j'ai été témoin de ces horribles événements. Lorsque les massacres cessèrent et qu'un calme relatif fut rétabli, je me déguisai en Turc, et, comme on ne me connaissait pas dans la ville, je réussis à la quitter une nuit sans être arrêté. Je me rendis à Birédjik, j'y trouvai la même situation; les mêmes événements s'y étaient passés, dans les mêmes circonstances; là encore on avait commencé par ramasser les armes aux Arméniens et on les avait massacrés ensuite; le nombre des morts y remontait à 3.400. Voici un fait typique qu'on m'a raconté: les Turcs attaquent la maison d'un Arménien nommé Garabed pour enlever sa fille, d'une beauté fameuse dans la ville; la pauvre enfant, épouvantée du sort qui l'attendait, se jette dans la citerne et y meurt. Les Turcs égorgent tous les gens de la maison, puis retirent de la citerne le corps de la jeune fille et le souillent.... Ils le racontaient eux-mêmes et s'en vantaient!

De Birédjik je suis allé à Aïntab, où j'ai vu encore les mêmes choses. Le nombre des morts y est moins élevé; les marchés sont fermés, les Arméniens sont enfermés chez eux; les Turcs vendent les marchandises qu'ils ont enlevées, et ils disent encore : « Nous ne laisserons pas un seul Ghiaour! vous allez voir! » On attend un nouveau massacre à Aïntab.

Les voyageurs turcs arrivant d'Adiamane, de Malatia, de Sévéregh, de Gurune et de Dérendé racontaient des choses épouvantables, et disaient : « Nous avons pris les armes aux Arméniens, nous avons ravi leurs biens, nous avons enlevé leurs filles, nous nous sommes beaucoup amusés! » Il faut des mois, des ans pour rapporter tout ce qui s'est vu, et entendu sur les massacres, et puis il faut être libre et sans peur au lieu d'écrire en secret comme moi.

Les notables, les riches qui ont échappé au massacre dans toutes les villes où il y a eu des troubles, sont tous en prison maintenant; il y en a plus de 700, tandis qu'il n'y a pas un seul Turc en prison. Il est même impossible aux Arméniens de passer à l'étranger pour trouver la sécurité et le calme; les Turcs ont toute liberté d'aller de ville en ville, à l'étranger, pour vendre les marchandises enlevées. C'est l'excès d'injustice après l'excès de cruauté.

Je termine cette série de faits par cette conclusion : Il faut introduire le plus vite possible les réformes nécessaires pour calmer le peuple; le gouvernement ottoman, quand même il aurait de la bonne volonté, est incapable de les exécuter. Il est indispensable que l'Europe intervienne énergiquement, sinon ce peuple est perdu. — Que Dieu ait pitié de nous!

Au moment de mettre ce livre sous presse, des télégrammes nous apprennent que les massacres ont recommencé à Van, à Erzindjan, à Mouch, à Diarbékir et à Erzeroum.

TABLE

Imprimerie Vve Albouy, 75, avenue d'Italie. — Paris.

MERCVRE DE FRANCE

Fondé en 1672

(Série moderne)

26, RUE DE CONDÉ. — PARIS

paraît tous les mois en livraisons de 200 pages, et forme dans l'année 4 volumes in-8, avec tables.

—

Romans, Nouvelles, Contes, Poésies, Histoire, Critique, Traductions, Autographes, Portraits, Dessins et Documents originaux

—

Rédacteur en Chef : Alfred Vallette

—

CHRONIQUES MENSUELLES

Épilogues (actualité) : Remy de Gourmont

Les Poèmes : Francis Vielé-Griffin ; Les Romans : Rachilde

Théâtre (publié), Histoire : Louis Dumur ; Philosophie : Louis Weber

Psychologie, Sociologie, Morale : Gaston Danville

Ésotérisme, Spiritisme : Jacques Brieu

[illegible] Revues : Robert de Souza

Les Théâtres (représentations) : A.-Ferdinand Herold

Musique : Charles-Henry Hirsch ; Art : Camille Mauclair

Lettres allemandes : Henri Albert ; Lettres anglaises : H.-D. Davray

Lettres italiennes : Remy de Gourmont

Lettres portugaises : Philéas Lebesgue ; [illegible] : [illegible]

—

PRINCIPAUX COLLABORATEURS

Paul Adam, Edmond Barthélemy?, Tristan Bernard, Léon Bloy, Victor Charbonnel, [illegible] Louis Denise, Georges Eekhoud, André Fontainas, [illegible] Paul Gauguin? [illegible] Bernard Lazare, Camille Lemonnier, Pierre Louÿs, Maurice Maeterlinck, Stéphane Mallarmé, Camille Mauclair, Stuart Merrill, [illegible] Pierre Quillard, [illegible] Jules Renard, [illegible] Georges Rodenbach, Saint-Pol-Roux, [illegible] Albert Samain, [illegible] Robert de Souza, Laurent Tailhade, [illegible] Émile Verhaeren, [illegible] Teodor de Wyzewa, etc.

—

Prix du Numéro :

France : 1 fr. [illegible] — Union : 1 fr. [illegible]

ABONNEMENTS

FRANCE		UNION POSTALE	
Un an	[illegible] fr.	Un an	[illegible] fr.
Six mois	[illegible] »	Six mois	[illegible] »
Trois mois	[illegible] »	Trois mois	[illegible] »

On s'abonne sans frais dans tous les bureaux de poste en France (Algérie et Colonies comprises), et dans les pays suivants : Belgique, Danemark, Italie, Norvège, [illegible], Portugal, Suède, Suisse.

[illegible] par lettre chargée.

[illegible]

www.ingramcontent.com/pod-product-compliance
Ingram Content Group UK Ltd.
Pitfield, Milton Keynes, MK11 3LW, UK
UKHW012019240726
13965UKWH00002B/466

9 782012 696136